中公文庫

妻たちの二・二六事件

新装版

澤 地 久 枝

中央公論新社

妻たちの二・二六事件　目次

妻たちの二・二六事件

――遺されたものの三十五年――

一九七一年夏

暑気と瘴気《しょうき》とがまじりあったような七月の昼下り。雨を忘れて乾ききった麻布賢崇《けんそう》寺《じ》の境内に、低く嫋々《じょうじょう》と読経の声が流れてゆく。風はとまり、汗だけがしとどに来会者のうなじをつたっている。

藤田俊訓師の涸れて透る声が、今日菩提《ぼだい》をとむらわれる二十二人の生前の名を呼び、死後の世界の称び名を読み上げてゆく。

二・二六事件とは因と果との断ちきれぬ関係にある相沢三郎（昭和十年八月十二日、永田軍務局長を斬殺）を筆頭に、事件に連座して自決あるいは刑死した二十一人が、香華のもとに呼びおこされる。三十五年前のこの日、七月十二日に銃殺された十五人、翌昭和十二年八月十九日に銃殺の四人、自決者二人。

参会者三十余人の焼香が始まった。

自決した河野寿《こうのひさし》大尉の兄司《つかさ》氏。その夫人。相沢中佐未亡人米子さん。明治十六年生まれというから八十七歳は過ぎている栗原安秀中尉の母。香田《こうだ》清貞大尉の弟忠勝氏。父の刑死後に生まれ、亡父よりもすでに長く生きてきた田中勝中尉の忘れ形見孝氏。白髪の対馬勝雄中尉の妹タケさん。読経の声の中を、人々はひっそりと立ちあがり、焼香の順を待った。

官位も勲等も剥奪され叛乱者の名のもとに死んだ人々である。しかし、三十五年経て、いまも二十代であり三十代である死者たちは、生前着馴れた軍服軍帽姿で若い面影を髣《ほう》髴《ふつ》させている。圧倒的に青年将校が多い。制服の陸軍に無縁の民間人は二人に過ぎない。

野中四郎大尉の未亡人美保子さん、安藤輝三大尉の未亡人房子さん。明治四十五年生まれの二人は、やがて六十路《むそじ》にかかろうとしている。三十五年の未亡人生活を一瞬に凝縮したような背中に、長い瞑目のひとときが流れた。

二十一人の男たちは、叛徒としての死のあとに十四人の未亡人をのこしている。すでに五十代であった北一輝夫人をのぞけば未亡人たちはほとんどが二十代半ばの若さであり、七人がいとけない遺児を抱えていた。そのうち三人はすでに亡《な》い。生前夫婦の縁の薄かった夫とともに眠りについている。

法要を終えた人々は建築中の本堂のわきを通り、墓所の湿った道をぬけて墓前に詣でた。処刑直後合祀しようにも引受け手のなかった遺骨は、それぞれの家に属する墓に納められ、やがて分骨をこの賢崇寺に一つに祀った。二十二の分骨を納めた厨子《ずし》は、昭和二十年四月の戦災で焼失している。

「二十二士之墓」と刻まれた石碑は、十七回忌にあたる昭和二十七年七月十二日の建立。敗戦前には墓碑建立は禁じられ、戦後も、火葬の劫火と戦災の火と、二度焼かれた遺骨の合同埋葬は、日米講和条約発効後であることを要求されたという。墓参がすむと、三々五々の群が今日居合わせない遺族関係者だれかれの消息を語りながら、何十回何百回か通い馴れた道を庫裡へ向った。

本堂は鉄筋コンクリートの新築工事中である。事件より一年後の二月二十六日、初めての合同法要の日、本堂前に遺族たちが寄り集うての記念写真を偲ばせるものは、石畳くらいのものである。参会者よりも特高や憲兵の数の方が多かったあの日のものものしさは、今はない。写真に納まっている青年時代の河野司氏、幼児を抱いて娘のような安藤夫人が、静かな表情に流れ去った時間を刻んで、石畳に歩を運んでいる。

連座者の遺族による佛心会は、二月二十六日の追悼法要のほか、昭和三十年七月まで毎月十二日を月例法要の日ときめていた。戦時中の空襲激化と敗戦の混乱で一時期途絶えたほか、死者への鎮魂と追悼の行事が時を区切ってゆくような歳月である。

今では法要は二月と七月。寒気の二月には襲撃によって殺害された諸重臣、殉職警官をふくむ全物故者の霊を祀り、暑熱の七月には騒擾の責任を死で償った人々の霊をとむらう。半年ごとにめぐってくる行事を繰返して三十五年たったのである。第一回追悼法要の写真が色褪せるほどの時間が経過しながら、死者たちは忘却の彼方には去らなかった。遺族たちは年毎に思い出を蘇らせつつ生きてきたことになる。

この三十五年、歴史の上で二・二六事件が解放された日は一日もない。天皇制下の日本では逆賊であり、敗戦後の日本ではファシズム軍国主義への決定的な転換点に位置する事件として、否定的な評価のもとにある。戦争責任を問われて絞首刑になった東条英機らA級戦犯七人が、わずか十五年ののちに「殉国七士」として復権するような変遷は二・二六事件にはない。あってはならなかった。

主観的には天皇と国家と民のための一挙であったが、誰よりも天皇その人の激怒を買い、天皇の名によって裁かれ、叛乱罪で死刑の断が下った事件である。当時彼らを容れる国はなく「殉ずる国」もなかった。敗戦後、天皇を単なる象徴とする国に、天皇親政を力で実現しようとした人々の位置するところはない。

遺族や事件の周辺にあって生き残った人々の沈黙の姿勢はこのことにかかわっている。志が成るかに見え、もっとも昂揚した瞬間は、事件の四日間で永久に去った。この四日間に、叛乱軍は戒厳令下の警備部隊に編入されて帝都の心臓部の警備任務につき、陸軍大臣の告示によって、その行動を肯定され、一転、奉勅命令違反の逆賊として収監される。所属部隊長のもとへ帰れという奉勅命令は、二十九日夕刻の逮捕まで、出動部隊の指揮者たちにはついに下達されなかった。軍法会議の審理は、この不可解な経緯を完全に無視し去った。

私に軍隊を動かし、殺傷をあえてした人々が、軍法によってむごたらしく嬲《なぶ》り殺された死顔を残しているのは、この四日間の謎と軍法会議の非条理さとによる。その上、彼等の事件は、彼等を粛清した陸軍当局によって最大限に利用された。

処刑前夜の獄中遺書に

「古ヨリ狡兎死而走狗烹　吾人ハ即チ走狗歟」（栗原安秀）

「結末は吾人等を踏台に蹂躙して幕僚ファッショ時代現出するなるべし」（林八郎）

とあるが、彼等を投獄し処刑する同じ手で彼等の行動の「成果」をかすめとる仕打ちが、誰はばかるところなく加えられたのである。死者の心をうけついだ遺族たちは、長い歳月、事件の曳く影の中を悶々と生きてきている。事件が称揚され、死者が復権する日はあるまい。

いくばくか人生の疲れを漂わせて賢崇寺境内を歩む人々の静謐は、怨念や執念を内に矯《た》めて耐えてきた強靭な沈黙でもあった。

佛心会によって旧陸軍衛戍《えいじゅ》監獄処刑場跡に建てられた「二・二六事件記念慰霊像」には、殺害された内大臣斎藤実《まこと》ほか諸重臣、殉職警察官、事件に関連する自決者、そして相沢三郎等二十二人の霊を含む三十四人が合祀されている。事件の被害者と加害者は、軍当局の処置へ抗議の諫死《かんし》をした三人とともに二・二六事件殉難者として祀られている。

現在の東京渋谷区役所の一角、交通量の多い大通りに面した観音像に記念されているのは、男たちばかりである。

加害者の側に立たされ、三十余年の未亡人生活を余儀なくされた女性たちの沈黙は、いっそう深い。ある日突然、選択の余地なく叛徒の妻となり、置き去られた妻たちは、辛い涙と耐えきれぬほどの忍耐の重さを訴える相手を持たなかった。戦争で未亡人となった同胞が、戦争の犠牲者として怨嗟の声をあげるとき、二・二六の未亡人たちは怨みも告発もどこへ向ければよいのか。

その原因を作った夫たちは、三十有余年、憤怒と呪詛と痛恨を抱いて、死にきれない死の世界に閉じこめられたままである。夫とは最期の訴えを託されて一蓮託生の夫婦となった。それからの生きた時間がいかに長くいかに苦渋にみちていても、歎きも吐息もひっそりと内側に秘めている妻たちの重い沈黙——。

二・二六事件をたずねる私の立場は、事件を発起するまでの青年たちの信念や信条の対極にある。昭和史の中の主要な政治事件の一つとして、能う限りの資料照合をし、事実を踏まえたら、次の事件へと足早に立ち去ってゆく一訪問者に過ぎなかった。その私をとらえて引きとめたのは、磯部浅一の獄中手記に代表される刑死者たちの怨念、天皇制の内側にいながら天皇制そのものの否定にまで登りつめていった執念の凄じさであり、死者の雄弁とは対蹠的な妻たちの沈黙であった。その沈黙には、昭和の女が通ってきた棘の道の一つの縮図があるようにみえる。天皇神聖不可侵の時代に叛徒の妻となった十四人は、どんな人生を辿ったのだろうか。望まずして歴史によって選ばれ、歴史の蔭の部分の織糸となり、やがては忘れられてゆく二・二六事件の妻たち。彼女たちは今もなお、事件の長い長い残影の中を歩きつづけている。その沈黙が破られるとき、男たちの事件であり、男たちの物語であった二・二六事件はどう変るのか、変らないのか。

燃えるような七月の太陽を受けて石畳を歩いてゆく未亡人の重い足どりの背後に、十四人の妻たちが生きねばならなかった三十余年がつづいていた。

光陰は矢よりも迅《すみや》かなり
身命は露よりも脆し
過ぎにし一日を復び還し得たる
何れの善巧《ぜんぎょう》方便ありてか
徒らに百歳生けらんは恨むべき日月なり
悲しむべき形骸なり
過ぎにし一日を復び還し得たる

仮本堂で藤田俊訓師の導く声に和した「修証義《しゅしょうぎ》」行持報恩《ぎょうじほうおん》の一節。俗世の感情など超越したような経文の一節が、忘れられた妻たちの声そのものであるかのように、妙に生ま生ましく迫ってくる。

その妻たちの物語である。

雪の別れ

博多を出て折尾を過ぎる頃から、窓外は雨になった。

関門トンネルを抜けると、入り組んだ下関の屋並みが見えてくる。雨脚が激しくなった。

下関は田中勝中尉の故里である。現在は未亡人の久子さんと八十歳をすぎた母信子さんが住んでいる。昭和十一年七月十二日に処刑された田中勝は、数え年二十六歳。結婚して半年あまり。四ヵ月余の獄中生活の方がはるかに長い新婚生活であった。

下関市は旧市街を中心に東西に細く長く延びている。市の西端の彦島に久子夫人の勤める幼稚園があり、東のはずれに母堂の起居する尼寺がある。かつて源氏と平家が合戦の絵巻を繰広げたという細い海峡は、秋色を帯びて横たわっていた。

磯部浅一の「行動記」には、「維新」の実行部隊責任者として、早くから同郷の後輩田中勝の名前があげられている。磯部の最初の行動計画（昭和十年秋頃）は、磯部、河野寿、田中の三名により首相岡田啓介、内府斎藤実を殺害しようというものである。これが次第に実行為への加担者がふえ、下士官、兵の動員へと膨れあがるとともに、襲撃目標もふえて、二・二六事件に爆発することになる。

田中が一年間の婚約ののちに久子さんと結婚したのは、昭和十年十二月二十七日。相沢公判開廷を目前に、不穏な風雲を孕んだこの年も暮れようとしていた。二・二六事件参加者の多くが、結婚後間もない妻を残しているが、事件半月前に挙式した坂井直《なおし》中尉と、この田中の場合は特にきわだっている。田中がかなり早くから実行計画の一部を担当する決意であったことを考えると、この時期に結婚した青年の心中はとらえがたいものがある。

久子夫人が園長をつとめる幼稚園は、彦島の丘の上、雨の激しさもあって、車が難渋するほど急な砂利道の終るところにあった。夏休みを東京の息子夫婦のところで過し、帰ってきたばかりであるという。控え目だがキビキビした挙措、なつっこい目元、孫と同じ年頃の子供たちに囲まれて、年齢を感じさせない軽い身のこなしに、どこか含羞の漂う人である。

田中夫妻は又従兄弟の間柄、特に幼な馴染みというほどの親しさはなかったというが、潮風と魚のにおいに明け暮れるこの町で、陸軍幼年学校、陸士へと進む青年は目立つ存在である。夫人は畏敬に似た気持をこめて一つ年上の田中を見守っていた。縁談がもちあがったのは昭和九年秋。田中が「久子をもらってくれなければ、帰らない」というようなことがあって、二人は婚約した。

婚約時代の田中はよく手紙を書いた。一日に二通届いたこともめずらしくない。青年将校の聖典である北一輝の『日本改造法案大綱』を読まされたこともある。田中は熱心な教師であった。昭和十年の夏休み、婚約者たちの久しぶりの再会も、相沢事件の突発で早々に打ちきられる。東京から電報で呼び返された田中は「大変なことになる」と言いおいて、慌しく下関をたった。

磯部の手記によると、上京した田中は、襲撃に備えて興津の西園寺公望邸の下検分を行ない、その後も磯部のたてた行動計画の中心に位置している。田中は、切迫する空気の中で「決意」を固めてゆく男であることを、許嫁にかくそうとはしなかった。事件の起こったあとから見れば唐突なその結婚も、彼としては、志をわかちあえる妻と信じてのことであり、夫人も、軍服の胸中にただならぬ火を包む青年と知って結婚したのである。しかし「大変なことになる」と予感した事件が、二人の結婚にどんな明日を運んでくるのか、そこまで若い二人は考えてはいない。

昭和十年の暮に上京して、新居は夫の部隊に近い小岩にきめた。昭和十一年の最初の暦は、ここで夫と一緒に繰る。一月は一緒に暮したが、二月に入ると週番勤務や耐寒演習で夫は不在の日の方が多くなった。田中はわずかしかない夫婦の時間を予感していたのだろうか。愛らしい同志として連れて歩きたい気持からだろうか。磯部との打合せに、たびたび夫人を伴って出かけた。

磯部の「行動記」の一節に、「十一年二月二十四日夜、田中が夫人同伴で来る」とある。二十四日は、夫妻にとって最後の夜なのである。

判決原本によれば、田中勝は、所属する野戦重砲第七連隊の自動車を使って、輸送任務を分担した。二月二十六日午前二時三十分頃、眠っている下士官兵十二名を起こし、夜間自動車行軍と靖国神社参拝をすると告げて、乗用車一、自動貨物車三、サイドカー一を指揮して市川鴻ノ台の兵営を出発した。

二十五日夜、田中は歩兵第一連隊にいる磯部浅一のもとへ伝令を出し、「支障なし」と連絡している。この日の午後、夫人は「キャラメルを沢山買っておいてくれ」という夫の伝言を受けとった。二十六日午前三時半過ぎ、市川から東京三宅坂へ向う途中で、田中は小岩のわが家へ兵を連れて立寄った。慌しい別れである。夫を送って寒夜の街道へ出た夫人は、牡丹雪の舞う中にトラックや乗用車の一群を認めた。今、何が始まろうとしているか、夫人は感じとっていた。

一隊は、闇の中にたちまちに消え去った。車上の夫も、路上に立ちつくす妻も、まだ新しい生命の宿ったことを知らない。田中が願った「昭和維新」が死産に終り、叛徒となっての獄中で、懐胎を告げる妻の便りを受けとることになる。

雨上りの夜、下関の中心部にある家に、勤めをおえた久子夫人を訪問した。古びた黒い革のトランクから、田中勝の獄中書簡や色紙、遺言が部屋いっぱいにひろげられる。一つまた一つと、夫の形見をいとおしむような夫人の手さばきである。表装されたものも、厚地和紙に書かれたままのものもある。墨の色は気のせいか薄れているように見えた。

遺　言

一、最期迄私を愛し守り助けてくれたことを心から感謝する
二、神の授け給ひし児あり　汝が堅き決心を我知るが故に　我最も嬉しく安心して
　死に就き得るなり
三、神の授け給ひし児は男児なるべし
　然らば我志を継がしめ　天晴《あっぱれ》国家の干城となし大誠忠の臣たらしめよ
四、児は宜しく　強く正しく明るく育てよ
五、児は孝《タカシ》と名附く
六、身体を保ち児の成人を楽しめよ
　さらば最愛する久子よ　仏の国より汝等二人を護らん

昭和十一年七月五日　　　　　　　　　夫（拇印）

久子殿

靖国神社参拝、宮城遥拝ののち、田中の率いる一隊が陸相官邸へ到着したのは二月二十六日午前五時頃、田中勝は「面白いぞ」と言いながら磯部の前へ姿を現わした。田中の手配した車は渡辺教育総監襲撃に向う一隊を運び、新聞社襲撃の一隊を運んだ。その朝からちょうど百三十日、死刑の判決を受けて、田中はこの遺書をしたためたのである。

七月五日午前九時開廷の軍法会議は、十一時数分前に十七名の死刑を宣告した。朝から曇っていた空は、判決の言い渡される頃にはすこし日が照ってきていた。しかし、判決内容は最悪の予想をさらに下まわっていた。いつ処刑の時に会うか知れないという切迫感が、田中の遺書をぎこちなく硬くしている。「神の授け給ひし」と繰返し書いているが、すべての希望を奪われた田中勝は、妻が懐胎し、命をわけた分身がのこることに、神意を感じたのであろう。

七月七日、面会が許可になったとき、田中たちの生きる時間はもはや一週間もなかった。面会が出来たのは、七日から十一日まで、わずか五日しかない。妻の妊娠を非常に喜びはしたが、事件の詳細も語ろうとせず、近づく死を前に、家族に会えて嬉しい、すべてに感謝するとにこにこ笑っている夫を、妻は遠くに感じた。「男子としてなすべきことをしたので、せいせいしています。死刑の宣告を受けて、目方が一貫目ふえました」と面会の家族や知己に語る夫を、身籠った妻はもどかしく見守っていた。「志士」としての体面、家族に心配させまいという配慮、そう考えて得心しようとしても、夫の心をつかみきれなかった。

その一日、夫人は思い返してもう一度、一人で面会に行った。田中はこの思いがけない訪問を、「一人で来てくれてよかった」と喜色いっぱいに受けた。生きた表情の夫がようやく戻ってきたと夫人は思い、夫の顔を凝視した。向いあってテーブルについての面会である。田中は妻の手をとると、

「お前のことを考えたら、おれ、死にきれねえ」

と言った。この言葉が田中の口をついて出た瞬間、改まった遺書には仄めかしもしない二十六歳の男の真情が、堰を切ったように溢れ出した。おそらく生きて抱くことのないわが子を思い、新婚の蜜月から叛乱・死刑の男の未亡人となる妻の身の上を思って、独房の田中は悶々として眠れぬ夜を重ねたのであろう。立会いの看守はいるが、この瞬間のほかに夫婦二人だけになる機会は来ない。夫と妻は二人だけになった。田中は立派に死なねばならない男であった。未練があっても言ってはならなかった。ひたむきにみつめる妻の瞳の中で、きびしく己れを律している男の本心がやっと言葉になったのである。

二人の結婚の実生活はほぼ四十日、その一日一日が愉しく充実していたと妻にたしかめながら、

「一日を一年と思えば、四十日は四十年になる。そう思って堪忍してくれ」

そう夫は言った。拘禁百三十余日、静座して目を閉じながら、田中は妻との短い蜜月をかぞえあげたのであろう。それがわずか四十日しかないことに、覚悟の上ではあってもいい知れぬ悲哀と執着を感じたに違いない。「一日を一年と思えば」という言葉は、夢破れ、死んでも死にきれない男が、自らを得心させるためようやく辿りついた平安・慰めともみえる。

「お前のことを考えたら、おれ、死にきれねえ」そういわれて、夫人はもやもやと胸にわだかまりつかえていたものが一瞬に消える思いであったという。死にきれないほど想われている女の悲しい充足感が、ひたひたと夫人の胸をみたした。同時に「この人を失いたくない」という烈しい思いが、胸からほとばしりでた。しかし一審即決上告なしの裁判ですでに夫の運命は定まっている。余命いくばくもない。冷厳な現実がまさに夫と妻を永遠に引離そうとしている。握りあった手の確かなぬくもりも、明日はない。身悶えするようなせつない時間のうちに、別れの瞬間が来た。

七月十二日朝、ついに処刑の通知が届いた。陸軍衛戍刑務所へ赴いて夫の遺骸をひきとる。妊娠中の躰にさわるから、死顔は見ないほうがいいと、家族が立塞がったが、人垣のうしろで背のびしたら、柩の中の夫の顔がみえた。長い拘禁生活で陽灼けもとれて、眠っているような血色をしていた。繃帯で巻かれた眉間のあたりに、桃色の血が滲んでいる。ああ、ここを射たれたのだと思った。隣では安田優少尉の遺族が、デスマスクをとる用意をしていた。出来るものなら夫のデスマスクをとりたいと思ったが、火葬場へゆく時間を急ぐ刑務所側の意向のもとでは果たせなかった。

おなつかしいお母様
最後まで不幸な勝を可愛がつて下さいました（中略）
お母様　最后までお母様を思つて　でも喜んで刑につきます
お母様　久子についてのお願ひをきいて下さい
久子は弱くて強いのです　若しかの事あれば久子の「意見」をきいてやつて下さい
久子はオカシが好きでした
これが最后のお願ひです　お母様の凡ての思ひ出は皆様の思ひ出でした
　翌七月六日　　勝
お母様

児、女児なるとも悲なし　皇国の臣子　唯、忠孝　是我志なり　七日　夫
久子殿

差入れの品々毎に思ひしは

七日夕

御身の心　如何にあるやと

久子殿

八日朝

現世乃《うつしよ》　荒波けりて進まんと

覚悟の色を見るぞ嬉しき

そして死の間際に書かれたものらしい一枚が、大きな軸に表装されている。

久子　本家を尚べ《とうと》

久子

決して自らを殺すな

神は許さぬぞ

久子　二は最后だよ　三は何時でも

久子

ふるさとの

浜辺にうつす

影二つ

田中勝には、思いつめた夫人の自殺への懸念がいくばくかあったのであろう。たとえ生まれてくる子が女の児であってもいい、どうか死なずに無事生きのびてくれと、田中は必死の熱禱を捧げたのであろう。「二は最后だよ　三は何時でも」には、夫婦だけが知る特別の意味がこめられているという。故郷の早鞆の瀬戸の浜辺で、婚約時代の二人はなにを語りあったのだろうか。死を前にして、田中勝は幸福な思い出のひとときに浸り得たようである。

夫の遺品として刑務所から渡されたなかには、食べのこしの菓子の包みもあった。「差入れが多くて食べきれない。父も母も妻も、菓子が好きだから、来たらやって下さい」と夫が託したものであった。

処刑の翌日、夫の遺骨を抱いて下関へ帰り、実家に身を寄せた久子さんは、十月十二日、夫の予言通り男の児を産んだ。

前夜十時頃に最初の痛みを感じ、十二日午前六時十分男児分娩。はじめて対面したわが子は、ちょうど三ヵ月前に死んだ父親に生きうつしであった。この日東京麻布の賢崇寺では、最初の慰霊法要が営まれていたのである。

子供は遺言通り孝《たかし》と名づけた。乳をふくませながら、夫人は母子二人生きてゆく明日からの生活設計を考えていた。温い庇護を惜しまない親たちはいる。しかし長い年月を係人《かかりうど》になって生きることは夫の本意ではあるまい。夫はもういない。子供を抱えた未亡人生活がこれからいつまでつづくのか。夫人は次第に仕事につく決心を固めていった。信念に殉じた男のあとに、自立を選びとろうとする一人の女性が生まれたのである。

方針はきまったが、子供が小さい間は外へは出られなかった。夫人は二年待った。保母を職業に選んだ理由の一半は、この彼女自身の経験に負うている。子供を安心して預けられる場所がなくては、女は飛び羽を切られた鳥と同じであった。

昭和十三年、久子さんは無資格の保母として下関市立第三幼稚園に就職した。東京で保母の資格をとっていた磯部夫人が応援の心組みで下関へきたのはこの頃のことである。磯部夫人は十四年半ばに再び上京するが、三、四歳年下の磯部夫人から久子さんは保母として最初の手ほどきを受けたという。昭和十六年、久子さんは単身上京、教員養成所に一年間学んで正式教諭の資格をとった。事件から五年、久子さんも三十歳になってい た。市立第三幼稚園は久子さんが定年になるまでの職場となったのである。

久子さんの旧姓は平山、商家の長女である。実弟の平山菊二氏は、事件の年に発足したプロ野球への入団がきまり、最後の面会の日に、田中から「しっかりやれよ」と激励されている。田中の両親も兄夫婦も健在で、稚い遺児を抱えた未亡人がその気になれば、母親の役割だけに専念する人生も選べたはずであった。しかし、久子夫人はひたむきに人生に立ち向っていった。

夫人の保母生活は三十余年、手塩にかけた園児たちに、時代と世相がまざまざと反映した。下関からも無数の男たちが戦場へ駆り立てられ、帰ってはこなかった。孝さんと同じような父親のない幼な児を、夫人はひとしおの思いで抱擁した。戦争直後、栄養失調で腫物を一杯つくった子供たちを記憶する久子さんには、現在の園児たちの倖せがこの上なく貴重なものに思える。

戦争が終ったとき、孝さんは小学校三年生だった。戦争の記憶のほとんどない世代である。死んだ父は国家の干城・軍人たれと遺言したが、帝国陸海軍は解体した。母も祖母も、自衛隊という奇妙な集団へ入れとはすすめなかった。

夫人は昭和三十七年に市立第三幼稚園の園長になる。東京の大学を出た孝さんは佛心会の河野司氏の会社へ就職、サラリーマンになっていた。河野大尉と田中中尉は、野戦重砲第七連隊で「同じ釜の飯」を食った仲でもあった。夫人の髪にそろそろ白いものがまじりはじめていた。定年まで勤めて、その後懇望されるまま、新設の私立幼稚園の園長となって、彦島の突端までの遠い道のりを通う生活がつづいている。

保母となってからの生活に話が移ったとき、それまでも言葉数のすくなかった久子夫人は、いっそう寡黙になった。

「定年というのは、うまい制度ですね。たしかに体がきかなくなります」

静かな声である。目元から微笑が消えることはない。事件に関して「奉勅命令はおりていません」「裁判の内容が世間の人にはっきり伝わったのなら、いくらか捨石になった意味があったでしょうに」と語ったときも、一度も声高にはならなかった。夫の死後に生命保険の金がおりず、ほんの見舞金だけであったと言うとき、数々の不測の打撃の一つを思い出すように視線が深くなったが、それも一瞬のことであった。二・二六事件の未亡人というより、戦前から戦後、仕事を守ってきた一人の先輩がそこに坐っていた。愚痴をいっても歎いてみても誰も助けてはくれない。遥かな道を自分の二本の足で営々と歩いてゆく。夫の刑死後の産褥の孤独と仕事をもつ女の孤独と、人生の鞭に鍛えられて負けなかった人は、穏やかな諦観とも見える表情をみせている。女が職業をもって生きることをどう思いますかと聞いたら「しあわせとは思いません」という答えが返ってきた。

七月の賢崇寺へ現われた白いワイシャツ姿の田中孝氏は、写真でみる田中勝にまったくよく似ていた。身籠っている十ヵ月間、夫の面影を昼も夜も求めつづけた母親の胎教のせいなのか、喪衣の妻が抱くわが子は、死んでゆく父親の身替りであれという田中勝の祈りが届いたのか、常ならぬことをつい考えさせられるほど父親似の人であった。成人の日数が父の死からの距離を刻んだ運命の子の暗さはない。

孝さんは一度だけ母親に反抗したことがあるという。大学入学を控えて、彼は就職しようとした。働きつづけの母親にいつまでもおぶさっていたくなかった。進学よりは働いて母を助けたい。しかし母は息子の訴えにとりあわなかったという。

この夏、久子さんは盲腸炎で入院生活が長びいた。「無理をしたからです。もうそろそろやめて孫の相手でもしたらというのですが、人がいないからと頼まれると、母はことわれないのです」六十歳という年齢まで働き通しの母親へのいたわりと、息子の「無念さ」を感じさせる語調である。
久子夫人には田中家の嫁というもう一つの立場がある。姑の信子さんは明治二十年生まれ、今も健在である。戦後に出家、法名を円信尼という。
「久子は後ろ指もさされずに、ようやってくれたと感謝しとります。気の毒に、かわいそうにと思うこともたびたびありましたが、今日まで一度も心配をかけたことがない」と円信尼は語る。この人は、生母に死別した田中勝を三歳から育てた義母である。昭和八年に退職するまで、三十年間教職についていた。田中勝の遺詠に、
御膝の上の幼　勝かな
とあるが、幼かった勝少年の記憶にあるこの母は、朝早く一家の食事をしつらえて登校する母であり、遠足の長い列につきそっている母であった。田中家は二代の働く母をもっている。軍人になりたいという少年の夢をかなえてやろうと机を並べて勉強し、子供の受験勉強のために一緒に英語を習得した母でもあった。
豊浦中学から熊本陸軍幼年学校を受けて、山口県下でたった一人入校が決まった日、陽が落ちてほの暗い畦道に学校帰りの母を迎えにきて、「母さん試験が通った」と叫んだ少年の声を、昨日のことのように思い出すという。田中は陸士在学中肋膜を患って、一年おくれの第四十五期生になった。この頃から「革新」運動への傾斜が母親の目にも

うつるようになる。同期生の中から五・一五事件に連座して陸士を追われる者も出た。昭和八年に任官、市川の野重砲第七連隊付になってから、田中の傾向はいっそう鮮明になってきた。

「昭和維新じゃいうけど、お前の意見は年が若いだけ片寄っていると思う。お前が昭和維新というので、枕を高うして眠れん。戦争でシベリアの方へでも行ったらいいがねえ」

「母さん、それ以上大切なことがある。私も国のことを憂えて、男泣きに泣いてよく眠れぬ夜がある。日本は五ヵ国相手に戦争をせねばならんことになる。昭和維新をやらねば勝つ見込みがない」

「兵を私するようなことがあったら、まったく申訳ないことになる、道が違うとるよ」

「わかっとる。錦旗をひるがえさねば、ぼくは入らない」

帰郷してこんな会話をかわしたあとも、田中は時を惜しむように、同志たちをたずねてしきりに出歩き、母に禁止された磯部浅一訪問もやめる気配はなかった。

「右寄りになったら大変、これは、はよ嫁をもらったら」と思案して親のすすめる縁談に、田中は結婚はいやだと初めは応じようとしなかったという。平山久子と婚約し、中尉に進級後、いよいよ結婚というとき、父親の従兄の某陸軍中将に仲人を頼もうかといったら「それだけはやめてくれ」と真剣な顔をした。田中は彼なりに、夫として、帝国陸軍軍人として、平穏ではない将来を予見していたのである。

それもこれも、事件のあとではじめて思いあたったことであった。東京に新居をもつ末息子と嫁を見送ってから、事件を知るまで、わずか二ヵ月。田中の事件参加を知った一家は外出をひかえ、雨戸を閉じて謹慎の意を表わした。

事件収束後、国をおもった息子の心は純粋でも、やったことは悪い。その責任は負わねばならないと母親は考えはした。しかし命だけはなんとか助けたかった。皇太后が皇居を訪問したという新聞記事をみて「命乞いして下さったのじゃないか」と縋る思いだった。息子の命を救えるのは天皇ただ一人であった。しかし、死はついにまぬがれなかった。


剃りあげた頭も顔も首すじも、陽にみっちり灼けている。毎朝三時半には起きて畠へ出るという。八十年の長い命の感じられる淡い褐色の瞳に、澄んだ涙の玉が盛り上り、追慕の言葉の間中、あとからあとからころがり落ちた。

出家の決心は息子の死刑のきまった日にきめた。「私が手伝うて軍人の道へすすませなかったら、若い身空で銃殺刑になるようなことはなかったろう。かわいそうなことをした」。悔恨が母の胸を嚙んだ。すぐにも髪をおろしたかったが、一家の主婦である間は、それもかなわなかった。

昭和二十年九月に勝の父が亡くなり、百ヵ日の日に出家。身を寄せた称名庵は、幼い頃の勝がよく出入りしたゆかりの寺である。

円信尼は小柄な体を墨染の法衣に包み、たえず念仏を唱えながら、ぽつりぽつりと息子の思い出を語る。記憶も言葉も明瞭である。

「毎朝、天皇陛下を拝みます。御寿命長かれと祈らぬ日は一日もありません」

天皇の意思にかなうと信じて事を起こし、その天皇の権威によって死を与えられた男の母は、なんのためらいもなくこう言いきった。息子の刑死から三十余年、まだ悲しみの涙は涸れはしない。生ある限り祈りつづけるであろうこの母の祈りは、どこへ届くのだろうか。

雨の中を別れてふりかえると、老いたる母は合掌していた手をあげて小さく振った。その姿にはなにか立ち去り難い思いをかきたてるものがあった。

一日一日がどれほど充実していても、一日は一日でしかない。四十年にはなり得まい。しかし、夫と死に別れて三十五年生きて、ようやく夫の言葉を理解出来るようになったと久子夫人は言う。田中勝と暮した四十日は、四十年にもなり得たということである。あの雪の夜の別れに、志をわかちあえる夫婦であったことがこの三十五年をささえてきたのだろうか。激変した運命を乗りこえてきた半生の職業生活がこの人を鍛えたのだろうか。仕事を持つ女を倖せとは思わないという田中夫人に、ごく自然な、硬質の生きる姿勢があった。

秋の一日というのに、九時を過ぎると街々の灯りは消え、夜の眠りが街をおおう。そういう地方都市で、女ひとり仕事に生きてきたのである。「弱くて強いのです」と若い夫が書き遺した妻は、人生の風に歪められることもなく、たしかな年輪を刻んでいた。

男たちの退場

昭和十一年七月十二日。日曜日。

渋谷区宇田川町の陸軍衛戍刑務所に隣接する代々木練兵場では、早朝から演習部隊の軽機関銃が空砲をうちつづけていた。やがて、飛行機二機も低空旋回を始める。この日銃殺刑を執行される二・二六事件の十五被告の、刑執行の銃声をかくすためである。街はなにも知らない。

事件鎮定直後の三月四日、緊急勅令によって東京陸軍軍法会議特設。弁護人を附せず、審理はすべて非公開、一審即決・上告を許さずの、世に謂う暗黒裁判である。

開廷は四月二十八日。七月五日には下士官・兵をふくむ百二十三名に判決言渡しがあった。有罪七十六名、うち死刑十七名。罪名は、叛乱罪である。この瞬間から、十七名の生存は秒刻みになった。

処刑の日は、本人たちにも前日夕刻まで伏せられ、突然に来た。死刑四十七人のうち、村中孝次と磯部浅一は、十一日に同志から引き離され、処刑場から一番遠い新獄舎に移された。

七月十二日午前七時、香田清貞、安藤輝三、竹嶌《たけしま》継夫、対馬勝雄、栗原安秀銃殺。午前七時五十四分、丹生《にう》誠忠《よしただ》、坂井直、中橋基明、田中勝、中島莞爾銃殺。午前八時三十分、安田優、高橋太郎、林八郎、渋川善助、水上《みずかみ》源一銃殺。民間人は渋川、水上の二人だけで、あとはいずれも事件当時には隊付の青年将校であった。

衛戍刑務所の一隅に新設された刑場は、五つの壕が煉瓦塀に向って直角に掘られ、赤土が仕切りのように積みあげられている。刑架は十字に組まれ、そこに正座し、縛られて銃架と向いあう。銃口まで十メートル。銃架には二挺の三八式歩兵銃が固定され、照準は前額部に合わせられている。

最初に眉間を狙って射つ。その一発で絶命しないときは、心臓部を狙う。

処刑開始の直前、十五人は香田清貞の音頭で、天皇陛下万歳、大日本帝国万歳を喉も裂けよと叫んだ。「撃たれたら直ぐ陛下の御側に集まろう。爾後の行動はそれから決めよう」と香田は同志に呼びかけたが、その天皇の耳に届けとばかりの万歳である。カラカラと乾いた笑い声もまじった。

空砲と万歳の声の間に実弾の音がまじるのを、磯部と村中は鋭く聞きわけていた。磯

部は村中に
「やられていますよ」

と悲痛な声を投げた。磯部は詩を吟じようとしたが、うまく声が出ない。

「私はやられたら直ぐ血みどろな姿で陛下の許に参りますよ」

磯部の声に村中は、

「僕も一緒に行く」

と短く答えた。村中は東北方に向って正座して合掌をつづけ、磯部は狭い独房の中をぐるぐる歩きまわった。

この朝、

「御遺骸御引取ノ為　本十二日×時　東京衛戍刑務所ニ出頭相成度」

の通知を受けた十五家族は、刑務所側の指示によって霊柩車を準備し、衛戍刑務所への重い足を運んだ。

刑務所の長い塀をまわり、北側の仮設テントで遺体引渡しを待つ。昨夜、夜を徹して絽の喪服を縫いあげた妻も、喪服の用意の間に合わなかった家族もいる。血の気の失せた顔が対面の時を待った。

もどかしく蓋をとった柩の中の遺体は、死後の処置を施され、白装束であった。額は白布でまかれ瞑目しているが、七月の気温のせいか、生きているような血色を留めている。

香華が供えられ、読経がすむと、名残りを惜しむ間もなく、十五台の霊柩車は火葬場へと走り去った。

午後六時、陸軍省は香田以下十五名の死刑執行を発表、事件以来戒厳令がしかれたままの街に号外売りが走る頃、十五の祭壇でひっそりと通夜が営まれようとしていた。

「余は一日も早く十五同志の後を追はんと願つておるが、未だなか〳〵に刑せられそうにない　日々断腸の思ひがする

牢獄の夏は残酷である　茲数日の酷熱は恐らく死刑よりも　苦痛であらふ」

と書いた磯部と村中の処刑は昭和十二年八月十九日。日中戦争の戦火が涯《はて》しない拡大の道をたどる時期である。西田税《みつぎ》、北一輝とともに刑架についたが、四人は、天皇陛下の万歳は唱えなかった。

第一次処刑十五名、第二次処刑四名、自決した野中四郎、河野寿を含めて二十一人が汚名のもとで死に、あとに十四人の未亡人が残された。

これが、二・二六事件の終幕である。

三十五年ぶりの大雪となった昭和十一年二月二十六日未明、歩兵第一連隊、歩兵第三連隊、近衛歩兵第三連隊の下士官・兵は、非常呼集により完全軍装で営門を出て行った。

その数一千四百余。この瞬間に二・二六事件の幕が切って落されたのである。

襲撃の結果――

麴町区永田町総理大臣官邸・大臣秘書官松尾伝蔵即死（岡田啓介首相と誤認。首相は無事）、巡査四名即死。

四谷区仲町斎藤内大臣私邸・内大臣斎藤実即死、春子夫人負傷。

赤坂区表町高橋蔵相私邸・蔵相高橋是清即死、巡査一名負傷。

麴町区三番町鈴木侍従長官邸・侍従長鈴木貫太郎重傷、巡査二名負傷。

杉並区上荻窪渡辺教育総監私邸・教育総監渡辺錠太郎即死。

元内大臣牧野伸顕逗留先の湯河原伊東屋旅館貸別荘・巡査一名即死、看護婦他負傷。放火により別荘一棟焼失。

この他、首相官邸、内務大臣官邸、陸軍大臣官邸、陸軍省、参謀本部、警視庁を占拠、交通遮断。東京朝日新聞社では、活字ケースが顚覆された。

殺害された人々は、軽機関銃が使用されたこともあって被弾おびただしく、むごたらしい最期であった。即死九名、負傷六名が襲撃の直接被害者である。興津の元老西園寺公望は、直前の計画挫折で死をまぬがれ、元内府牧野伸顕は扈従《こしょう》の犠牲により脱出し得た。

渡辺大将は、当時九歳の末娘和子さんの眼前で拳銃で応戦、肉片が飛び散る悲惨な死を遂げた。渡辺教育総監襲撃の任務をおえた一隊は、「トラックの上で万歳を連呼して、昭和維新を祝福し、静止させる事の出来ぬ滔々の気勢を示してゐた」（磯部「行動記」）という。下士官・兵は非常呼集で叩き起こされ、命令によっての襲撃殺害とはいえ、上官の命令にやむなく服従したという以上のものがある。

事件を起こした青年将校たちの名分は、「君側の奸」を倒すことにあった。斬奸目標に選ばれた重臣たちに対して、個々の私怨などがあったわけではない。しかし、高橋蔵相を殺害し、斎藤内府を殺害し、それらの死がなぜ「昭和維新」につながるのか。

蹶起趣意書には、

「所謂元老重臣軍閥官僚政党等ハ此ノ国体破壊ノ元兇ナリ、倫敦《ロンドン》海軍条約並ニ教育総監更迭ニ於ケル統帥権干犯、至尊兵馬大権ノ僭窃《せんせつ》ヲ図リタル三月事件或ハ学匪共匪大逆教団等利害相結デ陰謀至ラザルナキ等ハ最モ著シキ事例ニシテ、其ノ滔天ノ罪悪ハ流血憤怒真ニ譬ヘ難キ所ナリ」

「君側ノ奸臣軍賊ヲ斬除シテ、彼ノ中枢ヲ粉砕スルハ我等ノ任トシテ能ク為スベシ」

とある。君側の奸である要臣を殺害し、軍政の要衝を占拠して天皇親政を実現する。それは天皇の意にかない、なすべき大義であり善であると確信して、彼等は命令を私造して軍隊を動かし、殺傷をあえてしたのである。「尊皇討奸」の旗を掲げて殺傷をあえてしたこの確信は、どこから生じたのか。

第一次大戦後の相対的平和と軍縮の時代、職業軍人たちは不満を鬱屈させていた。社会不況特に農村の窮乏、小作争議・労働争議の頻発と、満州事変以後硬化した国際世論に、不満は危機感へ転化する。昭和の一桁は、深刻な経済不況を経糸《たていと》に、軍人たちの切迫した危機感を緯糸《よこいと》に時間を織りながら、満州事変を突破口とする軍人の掌中へ収斂されていった。

軍中央にあって、偽装クーデターというべき三月事件、十月事件を企図し、陸軍の恣意的願望を貫徹すべく権謀術数をかえりみない幕僚将校と、蚊帳の外におかれたような隊付将校の焦躁。陸軍内部での対立。陸軍大将真崎甚三郎、荒木貞夫など軍首脳による内部抗争の一方的な暴露、派閥の醸成、指導権争い。これらの諸要因は、天皇機関説論争に象徴される国家主義思潮の擡頭、神格としての天皇絶対化の風潮によって、いっそう増幅された。戦闘を存在理由とし、無謬《むびょう》の神である大元帥・天皇に直属する軍人教育の歪みは、この傾向にさらに拍車をかけた。そういう軍人たちが自己主張を始める時代である。

しかし、当時軍人たちの胸中に巣喰っていた一般的な傾向をあげつらってみても、二・二六事件の青年将校たちの狂熱的な信念の解明には不十分である。

事件の傍流にあって、日頃の「革新」的言動の清算を迫られた北、西田を除外して、事件を発起した人々の平均年齢は二十九歳。思慮を欠くほどの若さではない。いたずらに血を好む異常神経の持主もいない。当時軍人社会に瀰漫《びまん》していた不穏な風潮の中で、なにが彼等を蹶起に踏みきらせたのか。

さまざまな要因がすでに指摘されているが、心情的な二つの要因について考えてみたい。

昭和九年十一月の陸軍士官学校事件を発端とする磯部、村中の陸軍追放、文書活動による軍の内情暴露。特に十年七月真崎教育総監更迭事情の暴露と、この真崎更迭人事を派閥軍政の所産とみて、重大な統帥権干犯が行なわれたとする告発。四十六歳の陸軍中佐相沢三郎による永田軍務局長斬殺への波及。そして十一年一月開廷の軍法会議の詳細は、日々の新聞に報道されたが、犯行を当然の正義とする相沢の陳述、弁護人の弁護は、世間の世論喚起を目的としながら、実は青年将校たちの心を鋭く抉った。相沢三郎を行動に踏みきらせたのは自分たちであるという自覚は、特に磯部、栗原にいちじるしい。公判廷での告発は軍・政界の権力階級に向けられながら、心理的に青年将校たちを追いつめていった。磯部、村中、河野、栗原を中心に煮つめられていった行動計画の基点は、相沢公判にある。その上、彼等のほとんどが所属する第一師団の満州派遣が目前にひかえている。原因と結果を繰返しながら次第に過激化する連鎖の関係。これが一つの要因。

そして、事後の成算もないまま、事挙げさえすれば維新は成就するという奇妙なオプティミズムと、彼等の行動は天皇の意に叶うという自己信仰をささえたそもそものもの。

そこに秩父宮の存在が微妙な影を投げている。

秩父宮は陸士で西田税と同期、宮が歩兵第三連隊勤務中に教育した士官候補生が安藤輝三である。隊付将校としての勤務は歩三第六中隊。のちに安藤輝三に率いられて、鈴木侍従長を襲うのは、成員は変っているがこの歩三第六中隊である。刑死した坂井直は、秩父宮御殿への連絡将校であった。そして秩父宮と二・二六事件の青年将校の関係をはっきり書いているのは、中橋基明の遺書である。

「秩父宮殿下、歩三に居られし当時、国家改造法案も良く御研究になり、改造に関しては良く理解せられ、此度蹶起せる坂井中尉に対しては御殿において『蹶起の際は一中隊を引率して迎へに来い』と仰せられしなり。之を以てしても民主革命ならざる事を知り得るなり」

秩父宮をめぐる流説は数多いが、この中橋の遺書は事実の照合は別として、青年将校たちの心情を端的に表現している。中橋に秩父宮との接触の事実はない。したがって「蹶起の際」云々は、伝聞に過ぎないが、しかし信じることは可能であった。

『秩父宮雍仁親王』（秩父宮を偲ぶ会発行）によれば、大正十一年七月、陸士卒業の一週間前、秩父宮は同期の西田税等に会い、北一輝の『日本改造法案大綱』『支那革命外史』を献上された。この二書は御附武官に処理されてしまい、秩父宮が『日本改造法案大綱』を読むのは昭和六年末、歩三第六中隊長時代であるという。

中橋の遺書の前半は、単なる風評ではなかった。

西田税の自伝『戦雲を麾《さしまね》く』には、陸士の同期生である秩父宮に「速やかに改造を断行しなければ日本は内崩する」と力説した日のことが、熱っぽい筆致で書かれている。西田によれば、秩父宮は「余は境遇止むを得ず、漸次下層社会の事情に疎遠を来すに至る。必ず卿等は屢々《しばしば》報ぜよ」とこたえ、「君等余への消息は斯人宛に郵送せよ」と一葉の紙片を与えた。陸士卒業直前のことである。

西田のかなり文学的な自伝から秩父宮の意中を忖度することは出来ないが、西田の陸士在学の最大の目標ははっきりしていた。秩父宮に接近し「革命日本建設を論諍し奉ること」である。「秩父宮に接近とは単なる宮への接近ではない。実に宮を透して――宮の最高我を透して、日本の最高我――天皇への接近である」と西田は大正十三年に書いている。

事件前夜、秩父宮をめぐって、西田と青年将校の間で特に連繋があったという資料はないし、青年将校たちに西田のような目的意識が働いていたとは思えないが、結果において、青年将校たちは秩父宮を通して天皇へ至誠を通じ得るという期待のもとに動くことになった。

これもやはり伝聞に属する資料だが『本庄日記』昭和八年の項に「満洲事変発生の昭和六年の末より同七年の春期に亙る頃の事」として、次のような記述がはさまれている。

「……或日、秩父宮殿下参内、陛下に御対談遊ばされ、切《しき》りに陛下の御親政の必要を説かれ、要すれば憲法の停止も亦止むを得ずと激せられ、陛下との間に相当激論あらせられし趣なるが、其後にて　陛下は、侍従長（鈴木貫太郎）に、祖宗の威徳を傷つくるが如きことは自分の到底同意し得ざる処、親政と云ふも自分は憲法の命ずる処に拠り、現に大綱を把持して大政を総攬せり。之れ以上何を為すべき。又憲法の停止の如きは明治大帝の創制せられたる処のものを破壊するものにして、断じて不可なりと信ずと漏らされたりと」

本庄が直接鈴木侍従長から聞いた話かどうかははっきりしない。しかし、天皇と弟宮とのこの対立内容は、二・二六事件の青年将校の志向と天皇の意志との乖離《かいり》の原型のように見える。

天皇ハ全日本国民ト共ニ国家改造ノ根基ヲ定メンガ為ニ天皇大権ノ発動ニヨリテ三年間憲法ヲ停止シ両院ヲ解散シ全国ニ戒厳令ヲ布ク

『日本改造法案大綱』冒頭の一節である。北一輝のこの法案は、磯部によれば「絶対の真理」であり、「一点一角の毀却《ききゃく》を許さぬ」コーランなのであった。

事件当時、外務次官であった重光葵は、

「吾人は軍人の口から、しばしば、天皇に対する批評を聞き、二・二六叛乱の当時においては、若し天皇にして革新に反対されるならば、某宮殿下を擁して、陛下に代ふべし、

という言説すら聴かされたことを想起せざるを得ない」と書いている。（『昭和之動乱』上巻）

事件勃発後、二月二十七日に任地の弘前から上京した秩父宮は、世上の風説や青年将校たちの熱烈な期待にかかわらず宮中へ直行し、帰順説得の役に任じた。

二月二十八日、天皇の感想として、「高松宮が一番宜しい。秩父宮は五・一五事件（昭和七年）の時よりは余程およろしくなられた」とある。（『木戸幸一日記』上巻）

二十八日夜、秩父宮の令旨《れいし》なるものが歩三将校の野中、安藤両大尉のもとへもたらされる。青年将校は最後を清くせねばならぬ、つまり自決せよ、部外者の参加は遺憾であるという内容であった。

青年将校たちの一挙をささえていたのは、君側の奸を討つべく選ばれたる者の自負であった。昭和維新の起爆剤と自ら任じて彼等が行動に踏みきったのは、そのあとに「大御心」の収束があると期待したからである。秩父宮が実際に同調者であったか否かの詮議はあまり意味がない。彼等は秩父宮を媒体として、君側の奸に囲まれ大権を封止されている天皇に接近し得ると信じたのである。統帥権干犯の故に老臣たちを殺傷しながら、彼等自身天皇の命令なくして軍隊を動かすことは統帥権干犯ではないとする論理の支柱は、天皇との一体観であった。

「君側の奸の存在を、夫は秩父宮から知らされたのです」と未亡人の一人は語っている。真偽は糾明しようもない。一方的な信倚《しんい》ともいえるが、事件を起こすことを、君側の奸を撃つ義挙と信じ得た心理的要因として、直宮《じきみや》である秩父宮の存在がどこまでも揺曳《ようえい》している。

青年将校たちの自負と期待は、事件後、天皇そのひとによって微塵に粉砕されることになる。

二・二六事件について、『本庄日記』にみる天皇の態度は一貫している。

二月二十六日。「早ク事件ヲ終熄セシメ、禍ヲ転ジテ福ト為セ」これが、本庄侍従武官長が事件後初めて聞く天皇の意向である。

二十七日。「暴徒にして軍統帥部の命令に聴従せずば、朕自ら出動すべし」「朕自ら近衛師団を率ひて現地に臨まん」「声涙共に下る御気色にて、早く鎮定する様伝へ呉れと仰せらる。真に断腸の想ありたり」と本庄繁は書いている。

この日香椎戒厳司令官は、武装解除、止むを得ざれば武力を行使すべき勅命を拝した。しかし鎮圧は遅々として進まなかったのである。

本庄武官長の女婿山口一太郎大尉は、歩一の週番司令として叛乱部隊の営門通過を黙認した人物である。本庄は天皇に対し、行動部隊の将校の行為は統帥権を犯し許すべからざるものであるが、その精神は「君国を思ふに出でたるものにして、必ずしも咎むべ

きにあらず」と述べた。天皇の意見は、

「朕ガ股肱ノ老臣ヲ殺戮ス、此ノ如キ狂暴ノ将校等、其精神ニ於テモ何ノ恕《ユル》スベキモノアリヤ」

「朕ガ最モ信頼セル老臣ヲ悉ク倒スハ、真綿ニテ朕ガ首ヲ締ムルニ等シキ行為ナリ」

というのであり、本庄が、

「……彼等将校トシテハ、斯クスルコトガ、国家ノ為メナリトノ考ニ発スル次第ナリ」

と言葉をつぐと、

「夫ハ只ダ私利私慾ノ為ニセントスルモノニアラズト云ヒ得ルノミ」

と一点仮借の余地ない声が返ってきた。

二十八日、本庄武官長が
「(行動将校の自刃に際して) 勅使ヲ賜ハリ死出ノ栄光ヲ与ヘラレタシ」

と伝奏すると、

「陛下ニハ、非常ナル御不満ニテ、自殺スルナラバ勝手ニ為スベク、此ノ如キモノニ勅使抔《ナド》、以テノ外ナリト仰セラレ、又、師団長ガ積極的ニ出ヅル能ハズトスルハ、自ラノ責任ヲ解セザルモノナリト、未ダ嘗テ拝セザル御気色ニテ、厳責アラセラレ、直チニ鎮定スベク厳達セヨト厳命ヲ蒙ル」

と『本庄日記』は記録にとどめている。

軍法会議の構成に関して、

「相沢中佐ニ対スル裁判ノ如ク、優柔ノ態度ハ、却テ累ヲ多クス、此度ノ軍法会議ノ裁判長、及ビ判士ニハ、正シク強キ将校ヲ任ズルヲ要ス」

というのが天皇の意向であった。

青年将校たちが蹶起に踏切らざるを得なかった心理的要因の一つ、農民の窮状についても、天皇の意見は明瞭である。

「将校等、殊に下士卒に最も近似するものが農村の悲境に同情し、関心を持するは止むを得ずとするも、之に趣味を持ち過ぐる時は、却て害あり」

「農民の窮状に同情するは固より、必要事なるも、而も農民亦自ら楽天地あり、貴族の地位にあるもの必ずしも常に幸福なりと云ふを得ず（中略）要するに農民指導には、法理一片に拠らず、道義的に努むべきなり」（昭和九年二月八日）

というのである。天皇機関説に関して、

「自分の位は勿論別なりとするも、肉体的には武官長等と何等変る所なき筈なり、従て機関説を排撃せんが為め自分をして動きの取れないものとする事は精神的にも身体的にも迷惑の次第なり」（昭和十年三月十一日）

「……機関説の意義の下に国家なるものを説き得ざるにあらず、而して必ずしも国体の尊厳を汚すものにあらざるべし」（四月九日）

「軍部にては機関説を排撃しつゝ、而も此の如き（在郷軍人のパンフレット配付）、自分の意思に悖《もと》る事を勝手に為すは即ち、朕を機関説扱と為すものにあらざるなき乎」（四月二十五日）

これが軍部と国粋主義者の強圧のもとで、岡田内閣が一歩一歩屈服しつつあるときの天皇である。

真崎教育総監更迭に関し、本庄武官長から真崎の拝謁時に「御苦労であった」と御言葉を賜わりたいと内奏されて、

「真崎は加藤（寛治）の如き性格にあらざるや、前に加藤が、軍令部長より軍事参議官に移るとき、自分は其在職間の勤労を想ひ、御苦労でありし旨を述べし処、彼は、陛下より如此御言葉を賜はりし以上、御親任あるものと見るべく、従て敢て自己に欠点ある次第にあらずと他へ漏らしありとのことを耳にせしが、真崎に万一之に類することありては迷惑なり」（昭和十年七月二十日）

真崎更迭を林陸相、永田軍務局長の大権私議・統帥権干犯であるとする磯部、村中らの激しい攻撃に触発され、相沢中佐が永田鉄山を執務室で斬殺する二十日程前のことである。

ここには君側の奸も天皇親政の問題もない。「之れ以上何を為すべき」というのが天皇の偽りない境地であった。青年将校たちは致命的な誤断をしたのである。

彼らは恣意的に「あるべき天皇」を想い描き、現実の、生きた天皇の意志によって破《は》摧《さい》されるのである。青年将校たちにとっては、天皇自ら討伐軍を率いて現地に臨む事態の方が、「残酷な救い」となったはずであった。事件渦中から獄中まで、「日本には天皇陛下が居られるでせうか。今は居られないでせうか」(「磯部手記」)と苦悶にのたうつことからは救われたはずだからである。

二・二六事件の四日間、軍中央がとった処置は因循姑息な謀略に終始している。二月二十六日、川島陸相の大臣告示が、近衛、第一両師団長に下達される。この両師団から叛乱部隊の主力が出動しているのである。

一、蹶起ノ趣旨ニ就テハ天聴ニ達セラレアリ

二、諸子ノ行動ハ国体顕現ノ至情ニ基クモノト認ム

三、国体ノ真姿顕現ノ現況(弊風ヲモ含ム)ニ就テハ恐懼ニ堪ヘズ

四、各軍事参議官モ一致シテ右ノ趣旨ニ依リ邁進スルコトヲ申合セタリ

五、之以外ハ一ツニ大御心ニ俟ツ

大臣告示は、印刷され、命令系統を経て、出動部隊には兵まで、その他の部隊では一部の兵まで伝達された(歩兵第一連隊「二・二六事件経過要綱」)。

陸相官邸占拠中の青年将校に告示を伝えたのは、のちの「マレーの虎」陸軍少将山下奉文である。彼は古荘陸軍次官ら立会いのもとに告示を三度読み上げたが「諸子ノ行

動」の部分が「諸子ノ真意」にすり変っていた。大臣告示が二種類存在したのである。

しかし、行動にせよ真意にせよ、大臣告示で認められたことは、朝来、大権干犯・殺傷を行なってきた青年将校たちには最初の朗報であった。

のちには説得の手段であったとして軍法会議ですべて無視される謀略的処置の筋書きは、誰が書いたのだろうか。二十六日の戦時警備令は、叛乱部隊を正規の警備部隊に編入し、占拠中の場所で警備の任につくことを命じた。鎮圧にあたる軍当局によって、命令ならぬ命令で出動し襲撃を実行した部隊は、そのまま警備部隊になったのである。

二十七日、緊急勅令により東京市に戒厳令がしかれた。香椎戒厳司令官による軍隊区分には、

麴町地区警備隊

長　歩兵第一連隊長　小藤大佐

〔部隊〕二十六日朝来出動セル部隊

とある。戒厳令施行の原因である部隊に、戒厳令下の東京の心臓部の警備を命じたのである。これを知った磯部は万歳を唱えた。小藤大佐が第一師団命令で「爾後占拠部隊ノ将校以下ヲ指揮スルニ及バズ」と命ぜられるのは二十八日午後十時。それまで、叛乱部隊は警備部隊として、食料も被服も原隊から支給されたのである。「完全に皇軍トシテ認メラル」と香田清貞が刑死前夜に書くのは当然であった。

二十八日午前六時三十分。第一師団は奉勅命令にもとづく師団命令を発した。奉勅命令は、

戒厳司令官ハ三宅坂附近ヲ占拠シアル将校以下ヲ以テ速ニ現姿勢ヲ撤シ各所属部隊長ノ隷下ニ復帰セシムベシ

占拠をやめて原隊へ帰れという命令である。第一師団命令には、

（前略）

二、師団ハ三宅坂附近占拠部隊ヲ先ズ師団司令部南側空地ニ集結セントス

三、小藤大佐ハ速ニ奉勅命令ヲ占拠部隊ニ伝達シタル後、之ヲ師団司令部南側ニ集結スベシ、集合地ニ至ルタメ赤坂見附ヲ通過スベシ

四、歩兵第二旅団ハ占拠部隊通過ノタメ午前八時以後赤坂見附ヨリ集合地ニ至ルマデノ警戒ヲ撤去スベシ

とある。事件から丸四十八時間後に、奉勅命令にのっとって、はじめて占拠部隊の撤退が命令されたのである。移動の開始は、午前八時以後と予定されたのであろう。しかしこの命令にはタイム・リミットがない。無限の時間の中での移動「命令」である。これでは命令の体をなさない。さらに致命的な不備は、奉勅命令が復帰を命ぜられている部隊に伝達されなかったことである。

二十八日午後十時まで、叛乱部隊は小藤大佐の指揮下にあった。その小藤大佐は、二

十八日朝奉勅命令と師団命令を受領、伝達しようとしたが、青年将校たちの感情激化甚しきにより「今ハコレガ伝達ヲ敢行スベキ時期ニ非ズトシテコレヲ保留シ、第一師団長堀丈夫ニソノ旨復命」。奉勅命令は下達しなかったのである。これは特設東京陸軍軍法会議の判決理由の一節である。二十九日のラジオ放送、撒布されたビラで奉勅命令の実施を確知してから、青年将校たちは占拠を断念、部隊は逐次帰営したというのも判決理由の一節である。青年将校たちは、一人として、絶対天皇制の根幹をなす奉勅命令に叛逆しようとはしない。そこに彼等の本質と限界があった。

「奉勅命令にも抗して決死決戦したのなら、大命に抗したと云はれても平気で笑つて死ねるのだつたが……」

と磯部が書くのは十五同志の死後の獄中である。

ヌエ的な奉勅命令処理のもとで、彼等は叛徒と断定される。

二十九日午前六時二十五分、戒厳司令部発表には次の表現がある。

「……上奏の上、勅を奉じ現姿勢を撤し各々所属に復帰すべき命令を昨日伝達したる所、彼等は尚もこれに聴かず遂に勅命に抗するに至れり、事既に茲に到る……」

天皇の命令に抗した叛徒、逆賊の烙印である。しかし、「奉勅命令は下達せられず、下達せざる命令に抗すると言ふ理窟なし」(磯部「獄中手記」)なのであった。

軍法会議では、軍服の法務官が、奉勅命令に抗したか否かは司法問題として大したことではなく、叛乱の事実が大事な問題だと逃げた。戒厳命令で警備の任につかせたことについては、鎮圧のための謀略命令であると遁辞を弄した。

「命令に謀略があると言ふならば、皇軍は全くみだれてしまふのです。……命令の権威はなくなり、命令に服従するものはなくなります。これは恐るべき皇軍の破壊です」と磯部は書いている。帝国軍隊では、上官の命令は天皇の命令であり、絶対至上のものであった。軍の命脈は命令と服従の関係にある。その命令に欺瞞やカケヒキがあっては、帝国軍隊は一瞬も存立し得ない。解体する。

二・二六事件の中央幕僚たちは、手段を選ばなかった。「維新大詔」まで捏造しようとした。天皇の権威の略取・僭上という点では、叛乱軍将校を数段上廻っている。しかし、彼等の責任は問われない。陸軍は二十一人の鮮血に彩られた粛軍の旗を大上段にかざしながら、国内の反軍的世論を踏み潰してゆく。

事件の全経過を青年将校たちが子細に検討し、軍隊の命脈が乱脈をきわめた事実を暴露することになったら、国軍は崩壊する。その故に、彼等は死ななければならなかった。己れの黒い野心に煽られて血気の青年将校の耳に毒を吹きこみ、資金の調達に一役買い、二十六日朝には、「たうとうやつたかお前達の心はヨオックわかつとる、ヨオッーわかつとる」と陸相官邸に現われた軍事参議官・陸軍大将真崎甚三郎が、教唆・幇助の罪状明白なるにかかわらず、全処刑のあとで無罪になるのもまさに同じ理由による。真崎を有罪にすれば、事件四日間にかかわった全陸軍首脳が連累するのである。軍首脳が裁かれるべき部分へ、北、西田他民間人が身替りに割りふられ、断罪される。軍の恥部を見た青年将校たちは、死なねばならなかった。

こうして救われた国軍が、天皇の権威のゆるぎなき支撐《しとう》となるのである。

二・二六事件の一挙を正当化するつもりはないが、この事件を裁いた東京陸軍軍法会議では、まったく裁く資格のない者が裁いたのである。戒厳令下、非公開の暗黒裁判であったことは、まことに好都合な幕切れとなった。

「吾人ヲ犠牲トナシ吾人ヲ虐殺シテ而モ吾人ノ行ヘル結果ヲ利用シテ軍部独裁ノファッショ的改革ヲ試ミントナシアリ、一石二鳥ノ名案ナリ、逆賊ノ汚名ノ下ニ虐殺サレ『精神ハ生キル』トカ何トカゴマカサレテハ断ジテ死スル能ハズ」

と安藤輝三は書いている。

事件四日間の不可解な経緯は、天皇の叛乱鎮圧への強固な意志に巧みに陰蔽され、溶解してしまった。

昭和史の上で、天皇が自らの感情をこれほど強烈に打出したことは例がない。「自殺スルナラバ勝手ニ為スベク」に集約される人間的憎悪の表現も、他にはない。

男たちが万斛《ばんこく》の恨みを呑んで刑架についたのは、理由あってのことである。その男たちの退場のあとに、妻たちは遺されたのである。

燃えつきたひと

「何にヲッー、殺されてたまるか、死ぬものか、千万発射つとも死せじ、断じて死せじ、死ぬることは負ける事だ、成仏することは譲歩する事だ、死ぬものか、成仏するものか。悪鬼となつて所信を貫徹するのだ、ラセツとなつて敵類賊カイを滅尽するのだ、余は祈りが日日に激しくなりつつある、余の祈りは成仏しない祈りだ」

「余は極楽にゆかぬ、断然地ゴクにゆく、……ザン忍猛烈な鬼になるのだ、涙も血も一滴ない悪鬼になるぞ」

　稀代の祈りを祈りつづけた磯部浅一。死ぬものか、成仏するものかと執念の呪いをこめた磯部の墓は、南千住の小塚原回向院にある。

　小塚原は吉田松陰はじめ国事犯の処刑場として知られるところ。すでに風化がはじまり、碑銘の確かめられない墓も多い。喧噪の街中で、この一角だけ百年の歴史が静止したような、静かなたたずまいであった。

低い黒御影の墓石には

磯部浅一　妻登美子之墓

と刻まれている。大人の背丈を越す無花果が、この一隅に翳りをもたらしている。回向院側が史蹟参観者のために建てた「二・二六事変　磯部浅一之墓」の木標がなければ、あの磯部夫妻の墓とは気づくまい。その木札の墨色も、薄くなっている。横へまわると、

浅　一　昭和十二年八月十九日歿　行年三十三歳

登美子　昭和十六年三月十三日歿　行年二十八歳

とあり、ほかには碑文めいたものはなにもない。磯部の死様を考えれば、怨の一字が浮きあがってきそうな感じだが、墓所にみるかぎり、ここには、つつましく静謐な死がある。

獄中の磯部は、残りの生の寸刻を惜しむように、ひたすら書きまくった。「行動記」をはじめ夥しい告発の文字は、河野司編『二・二六事件』にすべて収録されている。磯部は、夫として妻としての生活にふれる余地をほとんど持ち得なかったようである。妻登美子にふれた部分はきわめてすくない。

「(二月二十五日) 午後七時平然と家を出る。妻は何事も知らず帰宅の時刻を尋ねる。『今夜はおそい、先に寝《やす》め』と簡単に言つて別れる。自動車をとばして歩一へ急ぐ。大

東京は何も知らぬ風に夜の幕《とばり》につつまれて仕舞つてゐる」（「行動記」）

「私の骨がかへつたら、とみ子と相談の上、都合のいい所へ埋めて下さい」（家兄への手紙の一節）

「極秘（用心に用心をして下さい）

千駄ヶ谷の奥さん（西田税夫人）から、北昤吉先生、サツマ（薩摩雄次）先生、岩田富美男先生の御目に入る様にして下さい。

万万一、ばれた時には、不明の人が留守中に部屋に入れてゐたと云つて云ひのがれるのだよ。（読後焼却）」

これは「獄中手記」を託す妻への内々のメッセージである。この手記は、非合法に持出された磯部の獄中文書の中でも、特に意図の深いものであった。

そして刑架につく前の最後の言葉は、

「これは妻の髪の毛ですが、処刑のとき、棺の中に入れることを許して下さい」

であった。

昭和十一年十二月頃、佛心会の河野司氏が磯部夫人のところで筆写した手紙が一通ある。日付は昭和十一年七月六日。死刑判決の翌日、獄中の磯部から妻へ宛てたものである。

「拝啓　梅雨が晴れたら暑くなる事だらう。御前達は元気かね。私はとても元気だ。身体も元気だがそれより精神が非常に元気だから安心せよ」と書き出して、留守宅の心得べき事柄を指示している。

「一、新聞社その他の者に面会するな。今は何事も云ふてはならぬ。

一、山口（磯部の郷里）の兄弟があはて、上京したりする様な事がない様にあらかじめ通知しておけ。（上京させない方がい、のだよ）

一、私の身の上の事ばかり心配しては野中さんや河野さん（自決した二将校）にすまないと云ふことを考へよ。又自分の不幸をなげく先に田中さんやその他新婚したばかりの奥さん方や子供の二人も三人もある奥さん方の事を考へねばいけないぞ」

文中、夫人の弟須美男氏へ「姉さんは弱いからよく助けてあげよ。お前は男だから、姉さんが泣くときでも決して泣いてはいけないぞ」と書いている。姉弟が身を寄せ合う寂しい留守宅を思いやる、年長の一家の柱らしい筆致である。

このほかにも、獄中からの妻への私信、遺言が書かれたものと想像されるが、その所在は不明のままである。分量はわずかであるが、磯部は必要なことはすべて、これだけの文字に書きのこしていったのだという気さえする。

二人の結婚の舞台は朝鮮。磯部の隊付勤務のときで、昭和五、六年の頃と思われる。芸者に売られてきて二日目の夫人を匿ったのが縁であるという。身請の金は連隊長に借金した。大正三年生まれの夫人は十八か九。磯部は九歳年長である。夫人については、没落した佐賀士族の娘ということしかわかっていない。世界恐慌のあおりを手ひどく受けて、日本中が不景気のどん底に喘いだ時代の話である。当時としては珍しくない、家の犠牲者の一人であった。

磯部浅一も、貧しい左官の三男である。小学校を終えたとき、世話する人があって山口市の武学養成所へ入れてもらい、そこから広島幼年学校、陸士へと道が開けた。家柄のいい、恵まれた環境の子弟がほとんどの事件連累者の中では、磯部は特異な存在である。不遇な生い立ちの者同士、心惹かれあった恋愛のかたちが見えるようである。

写真に見る磯部浅一は、丸い鉄縁眼鏡の向うに光りのある眼を見開き、大きく厚い唇、盛上った肩にうまりそうな、逞しい頸を軍服からのぞかせている。事件一周忌法要の記念写真に、安藤夫人と並んで後列に坐っている登美子は、束髪に結った古風な美人である。表情が生き生きしているのは、カメラを正視して語りかけそうな瞳のせいである。

夫の遺骨を迎えてから、夫人が生きのびた時間はわずかに三年七ヵ月。数え年二十八歳の早春に死ぬまで、夫人にも波乱の半生があったはずである。

磯部夫妻には子供がない。夫人の弟が養子となってあとをついでいる。二・二六事件当時、大学受験が目前で、進学すべきかどうか、迷い抜いた人である。大学へ入学したときから、磯部の姓を名乗り、「あの磯部の弟だそうだ」と囁く級友の声も耳にした人である。お目にかかりたいと都合を問合せたら、鄭重なことわり状が届いた。

「実は兄の刑死後は、どなたにもお会いすることを遠慮さして頂いております。これは彼の刑死前に代々木の獄舎にて約束し、以後三十有余年守っておりますこと、今となって約束を破りたくありません。又姉の件に就いても静かにして置いてやりたいと思っております。皆様方の御厚意の程もよく判ります。肉身なればこそ私情が先き立ちます。一切を皆様方の御判断に任せております。

右お含みの上、御期待に副い兼ねます段、悪しからず御容赦願います」

未亡人たちが連絡をたもち、同じ境遇を慰めあったのは事件後半年たらず、風に吹き散らされたようにバラバラな人生を生きなければならなかった。磯部夫人は、若死したせいもあって、ほとんど消息のわからない人である。生前親しかった田中勝夫人から、三、四歳年下と聞いただけで、小塚原の墓碑で確かめるまでは、生年もはっきりしなかった。

二人の結婚生活は長くみて五年しかない。平穏な明け暮れは、短い朝鮮時代だけ。歩兵から主計へ転科するため、磯部が陸軍経理学校へ入学し、上京してくるのが昭和七年六月。八年に卒業して二等主計（中尉）で近衛歩兵第四連隊付となるが、この年十一月発覚の救国埼玉挺身隊事件の押収証拠に、栗原安秀中尉の同志連絡網の一人として登場している。二・二六事件の中心的将校は、満州事変の昭和六年頃から、「革新」傾向の人物として、会合へ顔を出したり、クーデター未遂事件に名をつらねたりしている。磯部は、遅れてきた青年であった。歩兵から主計へ変ったのも、朝鮮の衛戍地に留まっていては、運動からおきざりにされると考えたからだといわれている。転科後の磯部の運命の定まり方はひどくあわただしい。九年十一月、陸軍士官学校事件で逮捕、証拠不十分で不起訴、十年四月停職、八月免官。陸軍から永久追放され、失職する。

上京後の磯部夫妻についてはなにも資料がない。夫人が磯部の婚約者と名乗って同志たちの前へ姿をあらわすのは、士官学校事件のあとである。この辺の事情もはっきりしない。

しいて言うならば、朝鮮から上京し青年将校運動へ参加した磯部には、独身を気取る衒《てら》いがあったのではないか。

免官になって十日後、相沢事件が起きた。「行動記」によると、事件後、それまで住んでいた新宿ハウスを引払って、村中孝次のところへ同居する。村中夫人の記憶する当時の磯部は単身で、結婚しているとは知らなかった。八人もの憲兵が公然と尾行につくような状況で、男たちは全国の同志への連絡に走りまわっていた。

磯部も村中も不在のある日、村中夫人は磯部の婚約者と名乗る若い女性の訪問を受けた。磯部の帰宅までの間に、北朝鮮で救われたことなどの身上話を村中夫人は聞いている。

しばらくの間、磯部夫妻は村中家の二階に住むことになった。村中孝次に、「二人で神宮へでも行って形をつけてきたら」といわれて、出かけて行った日もある。

その頃、相沢事件のことで、男たちの胸は破裂しそうに昂まっていた。なかなか籍も入れてもらえず、夫の身辺はただならぬ雰囲気である。夫を失うまいとしてひたむきな夫人の姿が印象的な、磯部夫妻であったという。

同居は二ヵ月足らず、十年十月末、磯部は千駄ヶ谷に一戸を構えた。はじめて磯部の妻として振舞える新居である。しかし、あるじは軍を追われて定収入をもたない。全国の同志将校のカンパもあったようだが、夫人にも磯部にも、生活の責任を負わされている家族があったはずである。その苦境をどう処理していたのだろうか。磯部は「弱い自分の性根に反省を加へ、之を叱咤激励」「天命に向つて最善をつくす」べく、蹶起の決意を日に日に強固にしつつあったのである。

「今夜はおそい」と夫が出てゆくまで、千駄ヶ谷の新居の生活は百余日。去ってゆく夫の足音を、夫人はどんな思いで聞いていたのだろうか。そして家を出てゆく磯部は、どんな帰宅の姿を考えていたのだろうか。成否いずれとも定まらない。失敗すれば逆賊の汚名が待っている、そう考えていただろうか。維新成就の瞬間への、胸の躍るような期待を、さりげない言葉に包む僥りもありはしなかったのか。

昭和十一年一月二十日以降のこと、蹶起の準備をすすめながら、磯部は陸軍上層部の意中の打診をしている。

川島陸相は、辞去する磯部に銘酒の箱詰を持出し「雄叫《おたけび》と言ふのだ、一本あげやう、三、四本あるといゝが二本しかないから一本あげやう、自重してやり給へ」とすこぶる上機嫌であった。不穏な活動を理由に陸軍を逐われた男と陸軍大臣の会話である。磯部はこの言葉から、陸相は吾々青年将校に好意をもっていると推察した。

一月二十八日、真崎大将は「何事か起るのなら、何も言つて呉れるな」といった。磯部が「余は統帥権干犯問題に関しては決死的な努力をしたい、相沢公判も始る事だから、閣下も御努力して頂きたい」と千円か五百円の融通を願うと、「其の位ひか、それなら物でも売つてこしらへてやらう」云々と快諾した。磯部はこれを、真崎大将が青年将校の思想信念、行動に理解と同情を有している動かぬ証拠だと信じた。

軍事課長村上啓作は「君等を煽動するのではないが、何か起らねば片付かぬ、起った方がいい」といい、事が起こるのを待つかの態度を磯部に示した。この他、古荘次官、山下調査部長などと会い、いずれも同調的であると推量、まさか軍部が国民の敵となって重臣、元老と結託はすまい、弾圧はしないであろうという確信をもったのである。事の起こるのを待つ陸軍内部の空気を磯部は敏感に感じとった。

それならば成算ありと磯部は考え、強引に同志将校たちの説得にかかった。二月二十五日夜、妻に送られて出てゆくとき、磯部は、出動部隊が衛門さえ出てしまえば成功すると判断していた。しきりに歩兵第一連隊へと心せいたのである。

各隊が衛門を出てゆく。

首相官邸へ先頭部隊が到着、俄然、官邸内に銃声がひびく。

「いよいよ始まった。秋季演習の連隊対抗の第一遭遇戦のトッ始めの感じだ。勇躍する、歓喜する、感慨たとへんにものなしだ。（同志諸君、余の筆ではこの時の感じはとても表し得ない、とに角言ふに言へぬ程面白い、一度やって見るといい、余はもう一度やりたい。あの快感は恐らく人生至上のものであらう。）」

磯部は獄中でこう書いている。行動者の絶頂感をかくそうとはしない。こういう磯部を、夫人はどの程度まで理解していたのだろうか。

事件のとき夫人は数え年の二十三歳。自己の信念に酔っている男が見失っている現実を、冷静に見抜くほどの年ではない。男が行動の必要を説き、志成る日の夢を語れば、いくぶん危惧はありながら夫を信じたい。志が成就すれば、夫は昭和維新の殊勲者となる。そんな見涯てぬ夢を見た日もあったかも知れない。

死者には酷ないい方だが、事件を起こした人々はすべてを自分たちに都合よくみようとした。純粋なだけ騙されやすい弱点をもっていた。老将軍や軍幕僚の老獪さ、打算には太刀打ちしようもない。事件を発起するまでの情勢判断も甘い。武力を使って事を起こしたら、あとは武力にものをいわせて維新でも革命でも奪取する以外に道はない。名分は、ここまで来れば二の次、三の次である。勝てば官軍、敗ければ賊軍、どっちつかずの収拾などはない。部隊が出動し、襲撃開始の銃声に歓喜した磯部は、黒々と口をあけている陥穽がみえなかった。重臣の殺傷を敢えてし、軍・政の要衝を軍隊を使って占拠しながら、一度も勝利の確証を握らぬうちにウヤムヤに叛徒となる過程は、軍幕僚の狡知が桁はずれにまさっていたことを示している。

二月二十九日、武装をとかれ捕縄を打たれる磯部たちに、白木の棺、白木綿など、手まわしのよい自決の用意がされていた。死んでもらうのが一番好都合だったのである。ここには、岡村寧次少将とともに、山下奉文少将が立会った。

七月五日、判決。

「余は蹶起同志及全国同志に対してスマヌと云ふ気が強く差し込んで来て食事がとれなくなつた」

「余が余の観察のみを以てハヤリすぎた為めに多くの同志をムザ〳〵と殺さねばならなくなつたのは重々余の罪だと考へると夜昼苦痛で居たゝまらなかつた」

と磯部は獄中で書く。

軍法会議は、裁いたという形式だけが必要であった。叛軍にあらずと血を吐くような被告たちの訴えも顧みることなく、所定の判決を下した。十五同志の刑死を獄舎で見送った磯部は、同志にすまないという苛責と、非条理な裁判への憤怒に、執念の鬼と化してゆく。

「今の私は怒髪天をつくの怒にもえてゐます、私は今は、陛下を御叱り申上げるところに迄、精神が高まりました、だから毎日朝から晩迄、陛下を御叱り申して居ります。

天皇陛下　何と言ふ御失政でありますか　何と言ふザマです、皇祖皇宗に御あやまりなされませ」

「こんなことをたびたびなさりますと、日本国民は　陛下を御うらみ申す様になりますぞ」

「国法は無力なり　権力者の前には無力なり（中略）

全日本の窮乏国民は神に祈れ而して自ら神たれ　神となりて天命をうけよ

天命を奉じて暴動と化せ、武器は暴動なり殺人なり放火なり　戦場は金殿玉ロウの立ちならぶ特権者の住宅地なり」

「何と言ふザマです」とはずいぶん烈しい言葉である。天皇とその国家は、磯部にとっては至上のものであった。磯部ほど天皇を崇敬し愛し、そして憎んだ人間も稀有である。憎み、否認しきれないから、その怨嗟の言葉は、いっそうドロドロした情念を絡ませることになる。磯部は、天皇と国家をほとんど否認するところまで自分を追いつめていった。

面会禁止の長い拘禁生活中、夫人は、田中勝の妻や渋川善助の妻と連れだち、刑務所へ夫の様子を聞きに通った。面会が許されてからは当然、夫と久々の対面をしている。しかし、磯部は膨大とさえいえる文章の中で、一言もこのことにふれていない。

特設軍法会議では、真実はついに認められなかった。事件の渦中にいて事実を知る人間が書かなければ、処刑の完了とともに、すべては闇から闇へ消されてしまう。自分たちの真実の忠義は、二十年も五十年もしないと世間の人にはわからないと、磯部は書いている。いつか正義の士の目にふれると信じて、磯部は遮二無二書きついだのである。明日にも銃殺される状況で、日々、そこで完結しているような文章を書く。磯部にとっては、それが可能な唯一のたたかいであった。妻とのことは私事である。独身を装ったように、私情をことさら無視しようとしたともいえるが、それよりは妻との再会の喜びを書くゆとりが磯部になかったのであり、満ち足りた感情を書くよりは、告発の文章を書く必要に追いつめられていたのである。

磯部は昼間は狂ったようにあばれて看守を困らせ、夜になると疲れて毛布をかぶって寝たようにみせかけ、高い天井から落ちる十燭光の光をたよりに、告発の文章を書く。命の残り火をかきたてるように毛筆の細字でこまごまと書く。

磯部の獄中手記を秘かに持出した平石看守の回想。十一年九月上旬の一夜、午前二時頃の巡視のときである。

「眠っているはずの磯部の肩がむくりと動き、毛布の下からぬっと片手が伸びて来た。

そのとき磯部は目をあけていて、下からじっと平石の顔を見上げていた。平石は立ちどまり、これは立ったまま磯部の目を見返した。目はやがて磯部の目から磯部の腕に移った。つき出された磯部の手には、ぶ厚い奉書の束が、二つ折りにされてしっかりと握られていた」（平石光久資料・西村望編著『霊の国家』）

磯部たちに好意的だった増援看守が原隊へ帰還してしまうと、磯部の手記はパッタリ途切れる。昭和十一年九月中旬のことである。その後の磯部は書くのを断念したのではなく、手記は持出せなくなって、おそらくは埋もれてしまったのであろう。

看守によって秘かに持出され、戦後程経てから世に出た手記（昭和四十一年末に発見されたものもある）は、事件までの経過、四日間、軍法会議の審理など、軍法会議が無視した真相を後世に残す目的で書かれている。

登美子夫人が持出した獄中手記は、性格的に異なっている。

十五名の処刑を救えなかった磯部は、北、西田の助命に最後のたたかいを賭けた。獄外にいる心ある同志に訴えて、助命運動をくりひろげてもらおう。そのために不可欠な弁護資料を用意出来るのは自分しかない。獄中手記を書く磯部の筆は、ここへ到達してから冷静になった。透徹した眼光で状況の本質に迫っている。

「真崎を起訴すれば川島、香椎、堀、山下等の将軍にルイを及ぼし、軍そのものが国賊になるので、真崎の起訴を遷延しておいて、その間にスッカリ罪を北、西田になすりつけてしまつて処刑し、軍は国賊の汚名からのがれ、一切の責任をまぬかれやうとしてゐるのです」

添書によれば、磯部はこの手記が北昤吉（一輝の弟、代議士）、薩摩雄次、岩田富美夫（いずれも北一輝の門弟）の目に入るようにと望んでいる。この三人を通じて、軍・政界の実力者が動くことを期待したものと思われる。結語に、

「どうか閣下等の御力によつて、事の真相を上聞に達していただき、両氏の助命をしていただき度いので御座います。頼みます。頼みます。意満ちて筆足らず、申上げたい事の百分の一も言へません。どうか御判読下さいます様願上げます」

とある。この文書は、二十年、五十年後の真実の証しのためのものではない。北、西田のさし迫った命を救うため、ことは火急を要する。獄外へ持出されても、秘匿されたのでは意味がない。しかるべき筋に届けられなければならない。

磯部はこの危険な使命のクーリエに、妻を選んだ。軍獄の死刑囚から、軍法会議の権威を否認する訴えを外部へ出そうというのである。露顕すれば、どんな処分が妻を襲うか予測も出来ない。磯部夫人の役割は、「叛逆罪」の夫の共犯者になることである。

「二先生方の為なら、私はどんな事でもします。どんなぎせいにでもなりますから、先生方をたのみます」と磯部は書いているが、夫人はその夫の意志を完うするための媒体・手段となった。

二万字を越える「獄中手記」と、磯部が血判を押した百武侍従長宛の歎願は、登美子夫人によって、獄外へ持出された。

「万万一ばれた時には、不明の人が留守中に部屋に入れてゐたと言ひのがれるのだよ」

この磯部の語調の優しさ。

面会に来た妻へ、立会い看守の眼を盗んで、机の下で分厚い奉書の束を手渡す。目顔で知らされて、手ごたえのある夫の手記を受けとる妻の鼓動。

これが、磯部夫婦のある日の面会である。すまなかったも、愛しているもどこかへ吹飛んでしまう。「俺の頼みをきいてくれ」と、磯部はあの眼光にものをいわせたのであろう。そして、九歳年長の男のいたわりと、思いやりが滲む短いメモ。それが、かなしい夫人の心をかきたてたのだろうか。

夫人が危険をおかして持出した「獄中手記」は、磯部の指示通りに、然るべき筋へ届けられた。この爆弾手記とひきかえに、北、西田の命を助ける談合が、ある筋から陸軍当局へもちこまれたという話がある。どの程度に真実性のある話かは、なんとも言いようがない。しかし、「磯部手記」は、使いようによっては、帝国陸軍の権威と刺し違え、道づれ心中するだけの、激しい力と内容をもっている。獄中の磯部や村中がなにを叫ぼうと、今となっては死人同様である。しかし、獄外へ持出された「磯部手記」は、別の生命をもって存在する。不気味なダイナマイトである。夫人を通じて磯部の意を体して動いた人々は、はたしてこの爆弾を陸軍へ持込み得たのだろうか。

仮に話を持込んだとしたら、陸軍当局は愕然としたに違いない。一説によると、この文書を完全に陸軍側が押える条件で、北、西田助命の話がほとんどまとまりかけていたという。

ところが、その時期に、絶対極秘の「磯部手記」の一部が印刷され、ひそかに世上へ流布される事件が起きた。手記を託されたある同志がやったことであるという。この怪文書事件で、陸軍当局との談合は御破算になり、北、西田の死が確定したという話である。ありそうな話でもあるが、この交換話は土台無理な話のようにも思える。陸軍当局に「磯部手記」の存在をちらつかせて交渉することは、悪くすれば叛乱幇助で、無期禁錮ぐらい食いかねない。それほど勇気ある人間がいたのだろうかと思うからである。

怪文書事件の余波で、磯部夫人だけではなく、西田税夫人も憲兵隊に留置され、獄外へ持出された磯部手記の存在をきびしく追求された。面会は中止となり、再開されてからも金網越しとなる。

磯部が願った北、西田の助命は、結果的にはむなしかった。憲兵の眼を逃れ、夫人が必死に匿し抜いた「磯部手記」が世に出るのは、昭和三十年、夫人の死後十四年目のことである。

「獄中手記」にみる磯部は、激しく沸騰する男、憑かれた男、情念の男である。体中燃えていて、女の感情など、はね返してしまいそうである。志破れ同志に先立たれての煉獄で、磯部は己れを怨念と呪詛の鬼たらしめようと努めた。その男が、死に臨んで妻の髪とともに焼かれたいと願う。こういう男の妻として生きることは、やりきれない苦業にもみえるが、一途で多血質な男の哀れさを、年若い夫人はいとしんでいたようでもある。

磯部の手記がもし存在しなかったら、二・二六事件の評価や解明はずいぶん異なったものになったはずである。他の刑死者たちの遺書も、軍当局の処置の矛盾を追求し、軍法会議の非理を糾弾してはいるが、磯部のように、まざまざと手にとるような情景描写と、克明な経緯の記録を残したものは例がない。二・二六事件をどのように評価する人も、「磯部手記」の凄じい迫力を無視して通ることは出来ないはずである。

「天皇陛下は青年将校を殺せと仰せられたりや
　嗚呼
　秩父の宮殿下は青年将校は自決するか可（マヽ）
　最後を美しくせよと仰せられたりや
　嗚呼」

と磯部は書く。

「自殺スルナラバ勝手ニ為スベク」

怒りと憎しみに満ちた雲の上の声は、磯部の耳には届かなかったが、磯部は状況を繰返し克明に辿ったのちに、心でこの声を聴きわけたのである。磯部の憑かれたような狂熱をささえていたのは、絶望である。

磯部の怨念と魂の苦痛が行間から軋んで溢れ出しそうな「獄中手記」——。信ずる者に裏切られた人間の極限がここにはある。事件の評価を切離して、一人の人間の行為と死の記録としてみても、これほど凄じい文章は稀である。あの天皇制の内部で、こういう男が事を起こし、そして憤死したのである。

地獄のような牢獄の夏をふたたび経験したのち、磯部、村中は助命の悲願もむなしく、北、西田とともに、十二年八月十九日、銃殺される。予備役陸軍大将正三位勲一等功四級真崎甚三郎の無罪判決は九月二十五日——。

磯部夫妻が命がけで取組んだ事業は、二人の生前にはなにひとつ実らなかった。しかし夫人が運び出した手記は、他の径路による手記とともに、三十五年後の今、雄弁な証言者として存在する。「獄中手記」は、死者のメディアとなったのである。

夫人は夫の死後、保母の資格をとって働いていた。そして、命燃えつきたように、昭和十六年三月病歿した。胸を病んでいたという。

亡くなった磯部夫人と同じ大正三年生まれの未亡人がもう一人いる。事件当時、歩兵第一連隊付の陸軍中尉、丹生誠忠《にうよしただ》の夫人である。一枚の写真に納まっている三十四年前の二人の女性を比べると、ぽったりと紅の濃い口許の丹生夫人に対して、磯部夫人は三、四歳年上に見える。

生き方も対蹠的で、丹生夫人は、受身で静的な人生に終始しているようである。丹生は、獄舎で近づいてくる死の跫音を聞きながら、その一生を簡潔にしめくくった。遺書の日付は、昭和十一年七月十二日午前三時。処刑は五時間ほど後の午前七時五十四分。磊落な性格で、面白いことを言っては家族を笑わせたという日頃がうかがえる文章である。

此ノ一文ヲ余ノ霊前ニ備ヘ給ヘ

丹生誠忠明治四十一年十月十五日鹿児島市草牟田町ニ出生ス　父ハ故海軍大佐丹

生猛彦、母ハ故陸軍中将大久保利貞ノ二女広子ナリ
誠忠性温情ニ富ミ慈愛深キコト母ノ如ク且烈々タル忠誠ノ至情内ニ燃エ、年十九ニシテ京市ニ遊学シ　陸軍士官学校ニ入リ文武ノ道ニ励精シ　忠君愛国ノ至情ハ益々赫々トシテ深ク時勢ノ衰運ヲ省ミテ已ニ堅ク心中決スル所アリ
自己礼讃閑話休題　夢疑フ勿レ
昭和十年四月十九日軍人会館ニ於テ山口滝之助氏長女寸美奈子ト華燭ノ典ヲアク
新婚の夢幻シノ如シト雖モ人生ノ幸亦之ニ過グルモノアランヤ　甘シ甘シ焼ク勿レ当方ハ仏ナリ
昭和十一年二月二六日未明同志青年将校ト共ニ蹶起シ維新ノ中隊長トシテ縦横無尽ニ活躍ス
時ニ利非ス　遂ニ獄ニ投セラル
天ナリ命ナリト雖モ鬼哭正ニ啾々トシテ無念止ミ難ク天ヲ仰キテ慨然タリ　憤怨天ニ冲スト雖モ又如何セン　噫天ハ神仏ハ　吾遂ニ化ケサルヲ得ス　七月五日死ノ宣告ヲ受ク　噫維新ハ遂ニ血ヲ見ルニ至ルカ
吾等十六青年将校ノ赤キ血ノ上ニ日本ハ建設セラルルカ　読ミテ此処ニ至ル誰カ悲憤ノ血涙ニ袖ヲ絞ラザル
我今ヨリ悠然トシテ断頭台上ノ露ト消ユ　男子ノ本懐亦之ニ過グルモノアランヤ

一度ビ詩ヲ吟ジテ快然タリ　二度ビ過去ヲ省ミテ憮然タリ　三度ビ立チテ刑場ニ趣《(ママ)》ク

しばしの別れ泣くでない　サラバ〳〵

余ノ悪筆ヲ笑フ者ノ所ニハ化ケテ出ルゾ　ヒュードロ〳〵

南無妙法蓮華経　合掌

天照大御神

遺族御一同様

天国市極楽寺通四ノ五八六

オ釈迦様方　無位無冠ノ帝王

丹生誠忠は、栗原安秀、対馬勝雄と同年。麻布中学を経て陸軍士官学校へ入り、期数は二人より二期遅れて四十三期。満で数えれば二十七歳である。

獄中遺書が憤怒、憎悪そして青年の懊悩を表現している中で、諧謔をまじえたこの遺書は異質である。なぜか丹生はことさらな変調を試みたようである。

丹生誠忠の職務は、中隊長代理であったが、事件の朝は百七十名を率いて陸軍省、陸相官邸の占拠へ向った。襲撃されながら秘書官の義弟を誤殺され、押入れに身をひそめて、事件の翌二十七日、奇蹟的な脱出をした首相の岡田啓介とは、姻戚関係にある。丹生が首相官邸を担当していたら、岡田の運命はどうなっただろうか。

岡田啓介の次女万亀の夫迫水久常（当時内閣総理大臣秘書官、その後参議院議員）は、丹生の母広子の姉の子、二人は従兄弟同士である。その上、万亀の母の歿後、岡田啓介の後妻となった迫水郁（昭和三年死去）は、迫水の父の妹・叔母であった。丹生の結婚式には、迫水夫妻も出席している。

事件の年の正月、丹生中尉は迫水氏の官舎へ年始に訪れた。そのとき、首相官邸に岡田総理がいれば会いたいと希望をのべ、岡田総理は機嫌よく会った。丹生はそのあと、案内されて官邸の内容をくわしく見てまわったという。「襲撃の下見」とあとでは言われることになる行為である。

二・二六事件で、丹生が首相官邸襲撃を担当していたら、松尾伝蔵の遺体と、額にかかっている写真の岡田啓介とを見比べる首実検で、岡田首相殺害と誤断することはまずなかったであろう。首相官邸は、栗原、対馬他の指揮する叛乱軍に占拠され、出入りには厳重な検問がある。迫水秘書官は、いつ発見され殺害されるかわからぬ岳父の救出に心を砕いた。

二月二十六日午後、秘書官官舎の迫水夫人のところへ、丹生中尉から電話がかかった。

「万亀子さん、ずいぶん驚いたでしょう。しかし、もうこれ以上なにもおこりませんから安心してください。お父さんには、ほんとうに申訳ないと思っています」

「あなたいまどこにいるの」

「陸軍省にいる」

まさか丹生が叛乱軍の一味とも知らぬ迫水夫人は、味方と思って、早く首相官邸を占拠している兵隊たちを追払ってほしいと言うと、丹生は、

「久常さんやあなたや伯母さんにはなんら危害を加えることはないから大丈夫ですよ」

と言って電話を切った。（迫水久常『機関銃下の首相官邸』）

迫水夫人は既に父総理の生存を知っていた。近しい親類の丹生にそれを打明け、救出への助力を頼んだら、どういう事態が起ることになったのだろうか。

「新婚の夢幻シノ如シ」云々と自ら記した新婚生活は、昭和十年四月の挙式から事件まで、わずか十ヵ月。

丹生誠忠は、軍務一筋の青春を生きてきた青年士官ではない。日本最初の内乱罪の内容を具備していたといわれる救国埼玉挺身隊事件（昭和八年十一月十三日、民間人のみ検挙）には、首魁の容疑濃厚なる者として、多数の二・二六事件関係者が名を連ねている。これは歩一、近歩三の出動部隊と民間人とが協力して、重臣、政党政治家、財界首脳を襲撃する計画が、未遂に終った事件である。歩一の香田清貞、栗原安秀、近歩三の中橋基明、そして丹生誠忠の名前も明記されている。その丹生誠忠が見合で選んだ相手は、

国家革新はおろか、将校の妻の生活もさだかには自覚していない、世間知らずの二十二歳の娘である。

国家の改造と妻帯とが、矛盾なく共存した男たちの思想に、妻の不幸の種は孕まれる。国家改造を容易とみたのか、妻の犠牲は顧みないのか。暗殺、テロ、クーデター。昭和の幕明け以来、血腥い暦が繰られてきて、異常なことが異常とは感じられない感覚の麻痺が、青年の心を蝕んでいたようである。

森コンツェルンのエンジニアの娘に生まれ、見合して二ヵ月で花嫁となった夫人は、初めて会った長身の丹生の逞しさと、にこやかな風貌に魅せられた。周囲がすっかりお膳立てしたこの縁談に、おそれも危惧もなく華燭を迎えたという。

正式の媒酌人は、敗戦後、戦犯として死刑になった本間雅晴中将夫妻である。

軍人には定期演習があり、週番勤務があって、家を明けがちである。週番勤務のときは一週間は帰宅できない。結婚生活十ヵ月といっても、ともに起居した時間は短い。その明け暮れに、丹生は終生忘れることの出来ない思い出を、妻の胸に灼きつけていった。「甘シ甘シ」と丹生は形容したが、短い蜜月は、その短さのためいっそう甘美な追憶をのこした。家庭の丹生は新妻に長唄を習わせ、自分も端唄や小唄を口ずさみ、気持のこまやかな男性であった。

連隊に近い原宿に新居を構え、間もなく夫人の実家のある北沢へ移り、娘ばかりもった夫人の両親に息子のように愛でられ、頼りにもされていた。

週番勤務中は、電話のない新世帯へ、当番兵が夫の伝言を届けに来る。遺書に「余ノ悪筆云云」とあるが、「鉛筆で書くと小学生のような」とからかわれた筆蹟で、まめに伝言を託してよこした。

週番明けの日など、

「今日帰るから、仕度して待っておれ。映画でも見にゆこう」

丹生が好きなのは日本映画である。念入りに化粧して、近づいてくる長靴の音を胸をときめかせて聞く。和服に着替えた夫に寄りそうように歩く妻の、胸ふくらむ想い。映画を見て、食事をして帰る、今でもどこにでもありそうな、平凡でしかしかけがえのない生活。

出かけない休日の日は、来客も多かった。客があると、すぐ酒になる。丹生は一升酒もケロリという飲み方で、酔っても乱れず、ますます陽気になった。逞しい夫の胸中に、もう一人の夫が棲んでいて、チロチロと怪しい火が燃えつづけていようとは、新妻はうかがい知る由もなかった。

「観菊会（天皇皇后も出席）には、すみ子のお父様やお母様も連れてってあげよう」

歌詠みの母の命名した寸美奈子を、夫はすみ子と縮めて呼ぶ。妻にこう約束した時、「蹶起」の日の近づくことを、夫は考えていただろうか。しかし、別なある日、

「俺が死んでも、お前は恩給がもらえるからいいね」

とふと洩らしたとき、丹生はどんな死を考えていたのか。満州事変が日本の野心を実らせた形で終熄し、満州での反満抗日パルチザンの局地ゲリラは残っていたが、硝煙のにおいが一応薄れたときである。戦死を考えての言葉とは思いにくい。やはり死を覚悟して起つ日のことを考えていたのであろう。

丹生がこのとき、仮に蹶起による死を考えていたとしても、それは未亡人に軍人恩給が支払われるような死である。恩給どころか、官位をすべて剝奪されて、生命保険金も渡されぬ逆臣としての死に直面するとは、丹生誠忠だけでなく、事件に参加した男たちすべてが考えなかった。

事件前の最後の日曜日、二月二十三日の東京は、未明からの大雪であった。重い春の雪は、朝には一面の銀世界をつくり、冷えこむ休日となった。ひっそりと静もって雪の舞う風情をみる街へ、二日前の総選挙の開票ニュースが流れる。民政党を与党とする岡田啓介内閣の圧勝、当分政局は安定――。

庭の雪が反射して明るい縁側に坐って、丹生誠忠は愛刀の鞘を払った。動乱の刺戟を求める心を逆撫でするような、天下小康のニュースが耳底にある。曇りのない刃に心をうつして、もう一度自らの心を問う。魂魄を鍛えられた鋼に集中して、返ってくる答を聞く。雑念妄念が沈澱するまでのひととき。一閃、退くことのない決断を得たと思う。

縁側に坐って、身じろぎもせず刀身をみつめる丹生は、人生の断崖に面していた。蹶起にあたって、丹生はこの軍刀を携行したのである。夫人はこのとき、軍刀の手入れをするのかしらと夫の後姿を見ただけである。瞳をのぞきこんだら、どんな色をたたえていたのだろうか。

二月二十五日の朝、

「厚木で演習があるから」

と言いおいて、いつもと同じように出て行った。当時、丹生の母が九州から上京していた。丹生は母と妻とに送られて、演習ならぬ任務を心に期して出て行ったのである。

事件が起き、夫が参加していることを知ったのは、新聞の号外か、新聞記者の訪問によるのか、夫人の記憶はぼやけてしまった。「これっぽっちも知らない」突然の事件に、したたかな衝撃を受けた思い出だけが鮮やかに残っている。

二十六日か七日、丹生の伝言を兵隊がもたらす。紙片に一行「母上をよろしく頼む」。

陸軍省、参謀本部、陸相官邸。陸軍の中枢部を擁する三宅坂台上を占拠した丹生は、軍幕僚片倉衷を撃った磯部浅一の手をとって落涙し、集まってきた群衆の前に立って、維新の意義を説いた。

家庭では、丹生の母、夫人、夫人の両親がひっそり身を寄せて、「どうしたらいいのだろうか」と重い吐息をつきあっていた。なにが望ましい収拾の形か、考えあぐねるうちに、二十九日の鎮圧、逮捕となる。二十五日の朝、なにげなく送り出した夫は、ふたたび帰っては来ない人であった。

渋谷区宇田川町の衛戍刑務所から夫の手紙が届いたのは四月。結婚一周年の記念日を寂しく過して間もなくである。

外界とすべての交流を遮断されていた獄中から、一通の手紙の発信が許可されたのは四月二十四日。

軍法会議の開廷を間近に控え、出廷する際に必要な服装の差入れを頼む手紙である。

拝啓

近く公判さるゝ由に付左記出廷の際の被服を急ぎ準備して届けられよ

左記

一、羽織、着物（先づ只今の所大島にて宜しかる可きも追々せるの候にならばせるの方も羽織着物とも作つて後から届けられよ）

二、袴、帯、襦袢、肌着、履物（下駄）、黒足袋（帽子は不要にて候）

他に記したき件多々あるも未だ許可されず、其方よりの手紙は事件に関係なき事ならば内容検閲の上余に渡さる

母上様を大事に頼み上候　里の御両親様、妹美千子殿に宜しく申上られよ　御身も特に健康に注意せられよ　余は頗る頑健なり

四月二四日　　　　　　　　　　誠忠

寸美奈子殿

これが獄中からの第一信であり、第二信が許可されるのは七月五日、死刑判決を受けた重い報告を書くことになる。事件後はじめて届いた丹生誠忠の手紙は、囹圄《れいご》の男の妻である事実をつきつけるきびしい手紙である。釈明もなにもない。逃れたくても逃れようのない妻である身を、自覚させずにはおかない手紙である。娘らしさがやっと抜けて、人妻のふくよかさをそなえはじめたばかりの夫人は、一転、叛徒の妻となった。

七月七日、判決後に初めて面会が許可になる。いつ処刑されるかわからない男たちに、牽牛織女のめぐり逢う日をふりあてたのも、偶然にしては皮肉である。次の七夕には幽冥境いを異にする夫と妻が、面会室を満たしていた。

いつも陽灼けしていた童顔の夫は、蒼白くむくんだような顔をしている。

「いつ最後の別れになるか知れないから、覚悟しておきなさい」

日頃は陽気で口数も多い人が、言葉すくなかった。「私はどうなるのです」夫の胸を叩いて教えてもらいたい。しかし言葉は嗚咽《おえつ》にさえぎられて、声にならなかった。

面会に行ったのは二日だけ。刑務所ではじめて栗原安秀の夫人や、身重の田中勝夫人を知った。

丹生の死刑がきまったのち、ぜひ会いたいと連絡を受けて、迫水久常氏は面会に行った。「岡田の伯父さんが生きておられたことをずっとあとできいて、私はホッとしました。冥途への道の障りが一つ減った感じです。どうぞ長生きしてくださるように伝えてください」と語る丹生に「私は許されるなら彼に抱きつきたい衝動を感じた」と迫水氏は書いている。

このときの丹生は「栗原中尉にも会って下さい」と頼んだ。栗原は岡田首相襲撃の責任者である。「迫水秘書官、私はあなたにほんとうに見事にだまされました。このことをあなたに申し上げたいと思っていました。はじめ総理生存のことをきいたときは、あなたのことを思いだしてある感じを禁じ得ませんでしたが、いまでは罪が一つでも少なかったことを喜んでいます」と語ったという。（迫水前掲書）

処刑の日、最期の姿は死ぬまで目から離れまいと思い、夫人は遺体の引取りに立会わなかった。そのためにかえって、生前の夫の面影が心に残り、消え去らなかったようである。

事件収束の直後、憲兵の家宅捜索を受けたのを機に、丹生の母は親戚へ身を寄せ、新居をたたんだ夫人は実家へ帰った。実家の親たちは愛婿の死を不憫に感じていた。事件一周忌法要には夫人一人で出向いたが、三月に幸楽でもたれた会合には、両親がつきそってゆき、女将や女中たちから、事件当時の様子を聞いた。第一師団の命令で、叛乱部隊は警備部隊の名称を与えられ、宿営地として赤坂山王の幸楽を指定されたのである。一年前と同じ献立の料理に箸を運びながら、胸のつぶれそうな雰囲気であった。間もなく夫人は旧姓に戻るが、きびしい長い人生がそこから始まった。

処刑から三十四年目の盛夏、かつての丹生夫人に会う。まだ五十代の半ばに達したばかり、はかなげな風情に生きてきた歳月が偲ばれるような人である。強烈な陽光を避けてひっそり花咲く夕顔を思わせる人である。

「丹生を怨んだこともありました」

「あの事件は、私の一生にとってマイナスでした。もしあの事件がなかったら……」

戦争末期、激しい東京空襲の最中、生きる甲斐もないように思われて、防空壕へはついに入らなかったという。受身な人生に徹してきた未亡人の秘めた心は、こんな現われ方をするものなのか。

丹生誠忠が獄中で遺した、ハンカチに筆で寄せ書きのように書いたものがある。中央に、

愛妻寸美奈子　南無妙法蓮華経　誠忠

あとは前後の脈絡なく、思いつくままを書いてある。

噫　余の欠点は涙なりき

妻寸美奈子　甘イ〳〵　孝女
新婚の夢永遠のちぎり
わが妻よ　ふと淋しさのおそひきば　刀のつかをにぎりしめてよ　貞女　貞女
武士の妻　あまりムヂムヂするな　ハハハ……
吾妻よ我にはすぎし汝なりき
されど〳〵汝の夫は英雄なり志士なり　誇れよ高らかに
不朽盛名ヲ見ヨ

などとある。「死を寸前に控へて」とあるから、七月十二日のものであろうか。この他に「妻に贈る」と書かれた遺詠がある。

時おりに夢みる妻の面影も　吾が真心をほゝえみてみる（七月七日）
うつし世を吾みまかりて行きぬとも　心とゞめんなれのみたまに（八日）
強く生き優しく咲けよ女郎花《おみなえし》
死ぬる迄恋女房に惚れ候（九日）

そして処刑前日の十一日、

すみ子今帰つたよ　誠忠

英雄の妻、志士の妻、そんな誇りがどれだけの生きる糧になるだろう。しかし、「死ぬる迄恋女房に惚れ候」と書いて自らは銃殺された男を、女は忘れることが出来るだろうか。

愛されるとは、辛いことである。二・二六事件の妻たちが、長い歳月、夫の思い出を捨てきれず、事件の影をひいて生きてきたひとつの理由は、死に直面した男の切々とした愛の呼びかけが心にからみついているためである。短い蜜月と死にのぞんでの愛情の吐露、それは妻たちにとっては見えない呪縛となった。

男たちは死に直面して、妻への愛着を強くした。男たちが心を打明け、安らぎ、そして占有することの可能な存在は妻だけになった。そのためであろうか、死んでゆく男たちは一人も「再婚して忘れてくれ」とは言わなかった。

「再婚話はありましたが、死んだ夫があまりいい人だったので、そんな気になれませんでした」と丹生夫人は答える。辛かったとも、不幸であったとも言わない。ただ、丹生がいかにやさしい夫であったか、涙を滲ませながら語るばかりである。やさしい立派な男性であったかも知れない。しかしわずか十ヵ月の新婚生活、その死から三十四年もたっている。子供もない。

夫人に、別な人生を求めて羽搏《はばた》こうとする瞬間がなかったとは思い難い。それがなくてはあまりに悲しすぎる。丹生誠忠も、強く生き優しく咲くことを願っていたではないか。

答は淡々とした声で返ってきた。

「いろいろ不幸な結婚をみて参りました。長い結婚生活で不幸な人生を送っている女性の多いことを思えば、私はこれでよかったのだと、この頃では思えるようになりました」

不幸な結婚を口にするとき、夫人の言葉にはしみじみとした実感があった。

夫人は、年老いた母堂と二人暮し。丹生中尉が軍服や着流し姿で訪ねた頃は、瀟洒《しょうしゃ》な洋館であったと思われる建物に、歳月が感じられる。大雪の日曜日の夕方、妻と連れ立って顔を見せ、門のわきの松が雪の重味に耐えている姿に「吹雪がおさまったら、僕が雪落しを手伝いましょう」と立止った門。その門も閉されて、かんぬきの金具も銹びついている。

寸美奈子夫人の母信子さんは、明治二十三年の生まれ。白内障で視力がひどく衰えている。不意の闖入者《ちんにゅうしゃ》を頬がふれあうほど顔を差寄せ、まじまじとみつめた。寸美奈子夫人も病弱であるという。日本女子大英文科第十回の卒業という老婦人は、長女の倖せ薄い人生の後楯のように、さらにさらに長く生きつづけようとしているようにみえる。

贈られた山口信子歌集『雁木』に、

吾にもまして幸うすき娘と思ふとき紫蘇の花ほのかにゆれたり
娘の作りし花嫁人形暗き陰翳裾に曳きつつ眸ひらき居り
暗き過去のぞくなかれと言ひさして娘よりも吾が先に涙ぐむ

とあった。

飾り棚の丈高い花嫁人形は、寸美奈子夫人の手づくりであるという。文金高島田に結い、裲襠《うちかけ》の裾を曳いた姿は、かつての丹生夫人の花嫁姿を思わせる。絢爛の衣裳だが印象は暗い。この人形の顔をつくり、髪を結い、一枚一枚衣裳を着せながら、夫人はなにを思ったのだろうか。三十年余の昏い人生が花嫁人形の内にひっそりと息づいているようであった。

余燼の中で

歩兵第三連隊の野中四郎大尉は、二月十五日から二十二日正午まで、週番司令として勤務についていた。陸士三十六期出身、三十四歳の野中には、結婚して二年にならない妻美保子と、誕生前の娘がある。

二月十九日、野中大尉は週番司令室で、一通の遺書を書いた。

「迷夢昏々、萬民赤子何れの時か醒むべき」

と書き出された遺書の文章は、

「我一介の武弁、所謂上層圏の機微を知る由なし。只神命神威の大御前に阻止する兇逆不信の跳梁目に余るを感得せざるを得ず」

と蹶起に踏切る内面の衝動を述べながら、次の言葉で結ばれていた。

「我れ狂か愚か知らず
一路遂に奔騰するのみ」

この週番勤務中のこと、「蹶起」の勧誘を断った安藤大尉を、
「何故断ツタカ。相沢中佐ノ行動、最近一般ノ状態等ヲ考ヘルト、今自分達ガ国家ノ為ニ起ツテ犠牲ニナラナケレバ、却ツテ天誅ガ吾々ニ降ルダロウ、自分ハ今週番中デアルガ、今週中ニヤラウデハナイカ」
と野中大尉は叱ったという。(「西田税聴取書」中の安藤の談話)

美保子夫人の記憶に残る事件前の夫は、苦悩する人であった。眠れぬ夜を重ね、その懊悩の深さが、妻の目にもうつるほどであった。

野中大尉はそれまで、中隊長としての職務に熱心な隊付将校であり、軍内の派閥や革新運動にも名前の出たことのない軍人である。事件の青年将校たちとごく親しかった西田税の「聴取書」にも、野中大尉とは面識もないとある。年功序列のきびしい軍隊で、私に軍隊を動かし、蹶起趣意書に筆頭人として署名する先任将校の責任の重さは、誰よりも野中自身がよく知っている。悩みぬいて決断した青年将校の、ぎりぎりの心境は、
「我れ狂か愚か知らず
一路遂に奔騰するのみ」
であった。

二月二十六日午前四時半、第七中隊長の野中大尉は、自分の中隊のほか第三中隊、第十中隊を率いて警視庁占拠に向う。その数四百。

二月二十九日、暮色の迫ろうとする陸相官邸の一室で、拳銃を口にくわえて引鉄をひき、自決。野中の遺骸が、陸軍省が手廻しよく準備してあった棺に納められ、歩三へ向う頃、同志一同は憲兵隊の護送車で陸軍衛戍刑務所へ送られて行った。

自決直前の野中四郎の遺書。

　実父勝明ニ対シ何トモ申シ訳ナシ　老来益々御心痛相掛ケ罪　万死ニ価ス　養父類三郎、養母ツネ子ニ対シ嫡男トシテノ努メヲ果サス不孝ノ罪重大ナリ　俯シテ拝謝ス　妻子ハ勝手乍ラ宜シク御頼ミ致シマス

　美保子大変世話ニナリマシタ　◎貴女ハ過分無上ノ妻デシタ　然ルニ此ノ仕末御怒リ御尤モデス　何トモ申シ訳アリマセン　保子モ可愛想デス　カタミニ愛シテヤツテ下サイ　井出大佐殿ニ御願ヒシテ置キマシタ

実父の勝明は退役陸軍少将。野中はその四男で、昭和三年に父の義弟の野中類三郎の養子になっている。井出大佐とは、前年十一月末まで歩三連隊長であった井出宣時。一月の終り頃、夫のただならぬ様子を見兼ねた野中夫人が、井出夫人に相談に行ったことがある。青年将校の動きが相沢公判とともに活潑な様子は井出大佐も知っていた。しかし大佐も野中大尉の苦悩がそこに関わっているとは思わなかった。妻の話を聞いた大佐は、日頃の野中からなんの危険も想像出来ず、聞き過してしまった。鎮圧の日、井出大佐は、野中たちの自決を熱望する戒厳当局と、愛した部下たちとの板挟みになった。そ

して、野中の自決寸前まで立会って、ひそかに家族宛の遺書を託されることになったのである。

自決は、事態収束のための一つの決断であり、生命と引換えの責任行為でもある。野中大尉はその死によって、事件の幕切れを招来しようと願ったのであろう。しかし幕はおりなかった。

原隊での寂しい通夜のあと、夫の遺体をわが家へ運んだ未亡人は、夫の死にひきつづく嵐の中へ立たされる。新聞社の取材が集中したのである。

三月三日付の朝刊各紙に、野中美保子の同文の手記が掲載になった。その一つを、そのまま採録してみる。三段抜きの見出しは、

汚名に涙しげき
野中元大尉未亡人
皆様へ霊前からお詫び

とある。

叛乱の責を負つて自決した野中四郎元大尉の遺骸は一日午後四谷区左門町九二の路地奥にある自宅に移され二日夜も美保子未亡人（二四）と親戚だけで極めて内輪に通夜が行はれたが、なにも知らぬ一粒種の保子（二つ）さんがひとしほ憐れである、美保子未亡人は事の余りの重大さに驚いてどつと床についたが居堪まれぬ気持

に駆られて二日夜近親を通じて次のやうな「お詫びの言葉」を認めて世に送つた

「皆様へお詫びの言葉」

私は四郎の妻美保子でございます、いま私は夫の霊前で皆様に対して相済まぬ心に苦しみながらこれを認めました、このたびは夫たちが大事をひき起しまして上は畏くも陛下の御宸襟を悩まし奉り下は国民皆様にこの上ない御心配をおかけ申しまして誠に誠に御詫のしやうもございません、殊に東京市民の皆様には四日の間大変な御迷惑をおかけしました、また一同の犠牲となつて尊いお身をあへなく失はれました高位の方々をはじめ警察官の皆様にはほんたうに何んと申上げてよいかわかりません、いまは冷たい骸となつて私の前に横たはつてゐる夫もきつときつと皆様に深くお詫び申してゐることゝ思ひます、私も皇軍の一員たりし四郎の妻でございます、私は夫を信じてゐました、夫のすることはみな正しいと思ふほど信じてをりましたのにこの度の挙に出でこの様な結末をみました、私は夫の所信をどう考へてよいのか私の心私の頭は狂つたやうで解りません、でも夫は終始お国のことを思ひながら立ち、しかして死んだと思ひ私は寸毫疑ひたくありません、しかしながらいまは叛乱軍の一員として横たはつてゐます、それが私には悲しくて悲しくてなりません。夫は軍人として一切の責を負つて立派に自決してはてました、けれどこれくらゐでこの罪亡ぼしはできません、妻としての私はたゞたゞお詫びの心に苦しみながらいまは深く深く謹慎致してをります、どうぞ皆様、仏に帰つた夫の罪をお許し下さいませ、四郎の妻として私はそれのみ地に伏してお願ひ申してをります

昭和十一年三月二日

野中美保子

当時は、今日ほどマスコミの追求は酷ではない。それでも、新聞記者の執拗な取材を鎮めるための、一本の手記が必要であった。事件を起こした先任将校の妻、責を負って死んだ陸軍大尉の未亡人として、野中夫人には逃げ場がなかった。夫の遺骸と娘の初節句の雛段のかたわらでお詫びの手記をしたためながら、夫人は事件の全重量を負っていた。

この手記の他には、未亡人たちの手記は発表されたことがない。戦後、様々な形で活字になったのは、いずれも談話である。問われれば、問われた範囲で答えはする。しかし、自分の文章であの事件との関わりを書くことは避けたい。言いたいことはあるけれど、積極的に誰に向って語るのか。沈黙がいちばんいい、そういう暗黙の決心が、ほとんどの未亡人にある。無理もない。夫のかかわった事件では九人が死んでいる。犠牲者やその遺族を素通りすることは出来ない。事件から三十数年たっても、夫にかわって罪をお許し下さいとまだ書かねばならないのだろうか。素直にその役に任じるには、加害者側にいる妻たちに、多くの屈折がありすぎた。事件直後の野中夫人にしても、新聞社

の取材攻勢がなければ、涙の幕の中からどうして「お詫びの言葉」を発表する心境になっただろう。そっとしておいてもらうのが最善だったのである。

次に掲げるのも、当時の新聞記事である。

栗原元中尉の
未亡人服毒
亡夫の後を追ひ重体

東京目黒区故栗原元中尉夫人玉枝さん（二十三歳）は二十五日午前一時ごろ自宅で故中尉の後を追ひ催眠剤を多量に呑み自殺を企てたのを暁ごろ家人が発見、附近の医師が手当中だが重体で廿六日夜にいたり昏睡より覚め命は助かる模様。

玉枝さんは去る十二日栗原元中尉の死と、もにすでに自殺を決意してゐたもので、二十四日自宅別棟の思出深い新宅を念入りに掃除し、六畳の間に亡夫の写真を飾り下着を全部死装束にあらため薄化粧して静かに服毒、死の眠りについたものである、枕許に厳父栗原氏夫妻宛『亡き夫の許へ参ります、不束ものをこれまで御導き下さいましたことを深く感謝いたします云々』とありほかに弟妹と実家宛にも遺書があった。（昭和十一年七月二十七日『東京朝日』）

七月二十五日は、死んだ栗原安秀中尉はじめ十五人の、二七日《ふたなのか》にあたる。銃殺の直前、「霊魂永遠に存す。栗原死すとも維新は死せず」と叫んだ栗原中尉は、同志の中でも特に血気にかられる青年であった。その夫への後追い心中とみられる事件の報道である。

栗原は七月十一日夕、明日には遺族となる人々への遺志をしたためた。

「一、葬式の事

堂々盛大に挙式被下度、肩身狭き思ひにてなさるれば怨みに存候」

「呉々も仮の肉体の亡失を何時までも嘆き被下間敷く、小生は各々様と共に罷在り候」

「小生、莞爾として同志と共に護国の鬼となる　呵々大笑」

それから十余日目の玉枝夫人の事件である。七月十二日午後六時、香田大尉以下十五名の処刑を簡単に発表したきり、陸軍当局は沈黙をつづけていた。叛徒の死へ、鎮魂は不要というように、なんの報道もない戒厳令下である。夫人の自殺未遂の記事は、後からみると、無視された死への抗議のようにもみえる。

健康を取戻してからの夫人は、毎月十二日、賢崇寺の法要にも、こだわりない笑顔で出席した。帰途、麻布の栗原夫人の実家へ、香田、安藤、水上、渋川の五人の未亡人が立寄って、〝未亡人の座談会〟をし、互に夫の冥福を祈りながら、手を握り合い慰めあって強く生きてゆくことを誓いあったと、ある未亡人はその頃の私信に書いている。十一年の晩秋のことである。翌年二月二十六日の追悼法要には、夫の両親とともに出席、写真にみる玉枝夫人の顔には、稚さが残っており、死の翳は感じられない。夫人の自殺未遂について、実は本人の意思ではないと、未亡人仲間で考える人もある。

渋川善助の妻絹子は、夫の異形の死のあと、夫の両親、弟たちの住む会津若松市の渋川家へ身を寄せた。

四十九日も過ぎやがて十月の声を聞く頃、夫人は「今年の秋」のひとしおの寂しさを身に感じていた。処刑の前年、中野刑務所を出所した渋川は、この故里で、妻とともにゆく秋をたのしんだのである。夫の死から二ヵ月、最後に対面した夫の死顔、落合の火葬場へ向う途中の、涙も涸れたような苦しい感情を思い返しながら、まだ夫の死が信じられない若い未亡人であった。

絹子さんは夫のいない故郷の秋の寂寥を、護国の鬼となった志士の妻の誇りをもって力強く生きたいと夫の友人に書き送っている。途中、憲兵に抜きとられるかも知れないと危惧してもいる手紙である。

しかし、「志士の妻の悲しい幸福、涙の幸福」そう観念しようとしても、心は虚しい。狂いそうにむなしい。心は揺れて乱れて、涙といっしょに溢れ出しそうになる。

渋川善助は、獄中で書いた。

「絹子ハ殊ニ不憫ナり。苦労ト心痛ノミサセテ、喜ブ様ノコトハ何一ツシテヤラザリキ。済マヌ。諦メテ辛棒シテクレヨ」

会津若松の海陸物産商に生まれ、陸士予科卒業に恩賜の銀時計を受けた渋川は、教育上の問題で上官と衝突し、陸士卒業を目前に退校させられた。期数は安藤輝三の一期後輩にあたる。明治大学法科卒業後、民間右翼団体に関係、救国埼玉挺身隊事件では、黒幕として取調べを受けた。昭和十年には、ある襲撃事件に渋川の拳銃が利用され、起訴処分を受けている。二人の結婚については、なにも資料はないが、こういう経歴をもち、三十二歳で銃殺された男の半生は変転きわまりなく、渋川の遺書の通り、常ならぬ結婚生活であったと想像される。

同志将校の結婚写真に写っている渋川夫人は、黒瞳の大きい豊満な顔立ちである。

雨降れば淋しからめと己が身は
濡れそぼちつゝ訪ひくれしかも

と夫がよんだ獄中詠は、恋愛時代の一齣か、結婚してからの想い出か。

青年将校たちを衝き動かした一つの現実に、兵士の家庭、特に東北農村の貧困がある。渋川善助は不十分ながら蹶起と農民との共同戦線を考えていた。事件の渦中から、東北の農民運動家に一通の電報を打っている。（淡谷悠蔵『野の記録』）

「ケツキスカノウノハンイニテノウミンノコウド　ウヲオコスヨウネガ　ウシブ　カワ」（蹶起す可能の範囲にて農民の行動を起こすよう願う　渋川）

二月二十八日、はじめて事件の渦中へ足を踏入れた渋川は、軍首脳部と会見してきた野中大尉が、「兵隊が可哀想だから、任せて帰ることにした」というと「全国の農民が、可哀想ではないんですか」と噛みついた（新井勲『日本を震撼させた四日間』）。渋川の心中では、蹶起は農民と不可分のものであった。しかしあいつぐ兇作の打撃に疲れきった農村は、沈滞のどん底に喘いで、呼応する動きなどは皆無であった。

事件当時、渋川は保釈中の身であり、二・二六事件で果たした役割は、二月二十五日に絹子夫人同伴で、湯河原へ牧野伸顕の動静を探りにいった程度で脇役である。苦労人で温味のある渋川を、青年将校たちは万一の場合の家族の後見人として、後事を託していた。今でも「渋川さんが生きていらしたら、私たちはこんなに苦労はしないで済んだと思います」とその人柄を懐しむ未亡人も多い。

渋川善助は事件の実際にはほとんど関係がない。それでも叛乱・謀議参与で死刑であった。

刑死した中橋基明の遺骨が、憲兵当局の妨害によって故郷の佐賀駅に下車出来ず、手前の小駅に秘かにおろされるような事件の余燼の中で、未亡人たちはその運命にそれぞれに対応した。世間へ謝罪した妻も、死を選ぼうとして果たさなかった妻も、信じきれない夫の死を秋風の中で身にしみて感じとった妻も、ここから心に竹矢来を組むような未亡人の人生を歩み出したのである。

野中美保子さんは、一人娘の保子さんを連れて司法官の父のもとへ帰った。父の任地を転々し、金沢に落着いて図書館に二十年間在職した。保子さんを嫁がせて今では孫も二人ある。

昨夏、野中夫人への面談の申込みは、すでに語りつくしたこと、もうそっとしておいてほしいと言うことで、丁重にことわられた。そしてこの七月、賢崇寺で思いがけない初対面となった。

「法要ごとにこうして皆様とお会いしているせいか、三十何年も前の事件のような気がせず、いつまでもつい昨日のことのように思えます」

ふっくりと色白な野中夫人は、屈託のない笑顔であった。父が司法官だったので世間の目を気にしたこと。戦争中、あるじがいないと言うとすぐ戦死に結びつけられ「どこで戦死ですか」と訊かれ、「戦死じゃございません」と答えれば「負傷なさったのですか」とさらに問われた。善意の詮索が辛くて話の風向きを察しては逃げて歩いたが、その他は両親が揃っていたおかげで特にひどい苦労も味わわずに過してきたと語って、穏やかな口調である。結婚後二年にも満たないのに事件に加わったのは、よほど思いつめてのことと思うと語ってから「来年は郷里へお墓参りに行こうと思います」とつけ加えた。来る年は閏年である。野中四郎の命日は四年に一度めぐってくるのであった。

栗原夫人は、その後栄養士の学校へ通っていたが、夫の一周忌を前に再婚した。渋川夫人も再婚した。二人とも刑死した夫との間に子供はない。再婚した二人は、固い沈黙の世界へ姿をかくしてしまった。

未亡人も若い生身の女性、などと言うのは当世風の考え方で、二・二六事件の未亡人たちには、期待される未亡人像というものがあったようである。つねに紋付を着て、化粧はごく控え目、ひっそりとひたすら夫の菩提を弔う「貞節」な未亡人。口紅が濃い、衣裳が派手すぎると先輩夫人に叱られた話は多い。

その妻たちにとって、二・二六の妻の宿命を脱ぎ捨てて、一人の女として再婚の道に進むことは、亡夫の思い出につながる一切の人々と音信を絶つほど、大変な決断を必要とした。面と向って非難はしない。しかし再婚する妻は積極的に勇気づけられはせず、歓迎されないような空気があった。

「絹子ハ殊ニ不憫ナリ」と書いた渋川善助は、妻が幸福になることなら、どんなことも許したであろう。栗原安秀にしても同様である。「栗原の急進、ヤルヤルは口癖だなどと、私の心の一分も一厘も知らぬ奴が勝手な評をする事は、私は劒にかけても許しません、私は必ずやるから磯部さん、その積りで尽力して下さい」と磯部の決意を迫った栗原中尉も、十七名の死刑宣告を受けて獄房へ帰っての独語は「多過ぎた」の一語であった。一度は自殺までしようとした妻の新しい倖せを、どうして妬むだろうか。それほど心の狭い男たちではない。若い妻たちを未亡人の座に縛りつけておく権利も資格も、男たちは残念ながらもってはいない。

再婚した妻たちは、誰にも遠慮する必要はないし、恥じる必要もなかった。新しい人生を選んだ己れの決断を大切にしていいはずである。しかし、沈黙の殻は驚くほど硬かった。

私が、再婚した妻の勇気に心を動かされていることは、会えない相手にはわかってはもらえない。しかし、現在の生活の中で、二・二六事件という言葉そのものがタブーであるのかも知れなかった。決して相手を傷つけまいという取材側の主観の及ばない環境というものも、ないとは言えない。

「倖せです」と言うことは、未亡人として長い人生を生きてきた他の妻たちの平穏を、何程かゆさぶるかも知れず、「不倖です」と答えれば故人があまりにも哀れではないか。それならばいっそ、新しい人生などは語らない方がいい。二・二六事件との縁は、あの余燼の中で終ったと考える方がいい——。そう考えての沈黙であるかも知れない。それならば、再婚して人生をやり直した妻たちの存在があるというだけで十分ではないか。

幾度か虚しい手紙を書いた上で、私はそう得心した。

未亡人の喪章を我れから捨てた人生は、その決断の重さによって、引返すことの出来ない前向きの姿勢をもっているはずである。そうであってほしいと思う。

秘められた喪章(一)

今日まで秘められてきた、事件にまつわるひとつの挿話がある。

昭和十一年、秋の彼岸も過ぎた一夜のこと、四谷大木戸の料亭の奥座敷、任官したばかりの新品少尉もまじる陸軍の宴席は、盃もまわってやがて無礼講に移りそうであった。その席に出ていた芸妓の一人が、突然帯のあたりを押えて苦しみはじめた。苦悶にのけぞるうちに、艶やかに結いあげた島田髷がゆらいで、ざんばら髪の頭がむき出しになった。ころがった日本髪のかつらは無気味であった。

蒼ざめているが、きわだった美貌である。華やかな座敷着に断髪の情景は異様であった。

この女性、大木戸の芸妓のO女は、二・二六事件で刑死した中橋基明と深い仲であった。はじめて会ったのは、中橋が少尉のときである。事件後、O女にとって陸軍の宴会に出ることは、たまらなく辛く感じられていた。この夜、陸軍少尉の肩章が誇らしげな軍服の青年士官たちに、O女は中橋と会い始めた頃を重ねてみていた。ここはお座敷なのだと思っても、還ってこない人への慕情は押えようもない。そのうちに胃のさしこみが襲ってきたのであった。うなじで切った短い髪をかつらにかくしたO女の事情を知る人は、その胸中を思いやって暗然とした。

二月二十五日の夜半、残雪の上に雪が白く舞いはじめた中を、馴染みの待合まで歩いてきた中橋中尉は、じっとO女の来るのを待っていた。O女が急に耳鼻科の手術を受け、一晩柏木の病院に泊められているとは知らずに、老女中を相手に小一時間近く待ち、連絡のとれぬまま、雪の夜道を、赤坂の近衛歩兵第三連隊へ戻って行った。そこから事件に参加したのである。

近衛師団は宮城の守衛と儀仗を任務とする。中橋中尉は近衛歩兵第三連隊の中隊長代理であった。その中隊を率いて蔵相高橋是清襲撃に向ったのである。

赤坂表町の高橋邸では、老蔵相は就寝中であった。

中橋中尉は蒲団をはねのけ「天誅」と叫んで拳銃を射ちこみ、軍刀で切りつけた。中島莞爾少尉（砲工学校在学中）はつづいて肩先に切りつけ、さらに右胸を刺した。

この老人が中橋たちの願う「昭和維新」の障害になるとしたら、国家財政の見地から、軍事費を出し惜しみするということであろうか。それも、幕末のアメリカ留学時代に奴隷に売られたり、芸妓の箱屋をしたり、逸話の多い苦労人の老財政家は、無下に軍事費を否定したわけではなかった。算盤のはじけるような軍事予算を主張したに過ぎない。

中橋は遺書に、

「吾人は決して社会民主革命を行ひしに非ず。国体叛逆を行ひしに非ず。国の御稜威を犯せし者を払ひしのみ」

と書いた。国の御稜威などと言っても、それは実体のない観念に過ぎない。したがって犯したとか犯さないとかは抽象的なことである。しかし観念の袋小路での断定が、容赦ない実行行為を可能にもしたのであった。

中橋中尉は、達磨の愛称をもつ白い美髯の老蔵相に、どんな奸賊の姿を見ていたのだろうか。殺さなければならないという執念にとり憑かれた人間は、どこかで理性を殺している。流血の惨劇は一瞬のうちであった。

とはいえ、当時の無責任な噂雀たちが、ダルマは手足がなかったと、手足を切断されたかのように言った風評は根拠がない。殺人行為は異常だが、のちに或る人物が書いたように「撃たれた上に、首と、両腕と、両脚が、日本刀で切りはなされていたのである」というような死体損傷は、事実に反する。猟奇的に殺人を愉しむような変質者が高橋蔵相を殺害したのではないことは、老蔵相の名誉のためにも、殺人者のせめてもの名分のためにも明らかにしておくべきである。

襲撃のあと、中橋中尉は兵の一部をひきいて宮城内に入り、警備任務についたが、守衛隊司令官の疑惑が濃いことを感じて、単身宮城の外へ出た。午前四時半に近歩三の営門を出てから三時間半、午前八時頃のことである。そのあと、栗原中尉等とともに、各新聞社を廻って蹶起趣意書を配り、東京朝日新聞社では、社内へ入って、活字ケースを顚覆させ、その後首相官邸へ赴いている。

二十六日、O女が重大事件の突発を知るのと、中橋が託した「他言無用、開封してはならぬ」と書かれた厚味のある封筒を受けとるのは、ほとんど同時である。中橋の参加を直感した。O女は栗原中尉とも座敷で顔馴染みである。酒席で天下国家を論じることを堕落とみた彼等も、打ちとけたO女のいる席では、時に政治の話になった。中橋の〝赤いマント〟は有名である。カーキ色の将校マントの緋裏が、大股な足さばきにチラチラ見えかくれする。「返り血を浴びても目立たないからね」と中橋は説明したが、その返り血の意味を、O女もうすうすは知っていた。

中橋基明は三十歳、高橋蔵相は八十三歳。そしてO女は二十三歳、磯部夫人や丹生夫人と同い年である。

保証人の判を捺したことから刑事事件にまきこまれ、犯罪者になろうとした父親の窮境を救うため、O女は芸者に売られた。女医になる日を夢みる女学生生活から、一転して花柳界の水に投じられて、最初の男性が中橋基明であった。

中橋はどちらかといえば色白で優形の美男子である。三十歳の陸軍中尉に縁談がなかったはずはないが、独身であった。O女との間に結婚の約束はなかったという。しかし、冗談のように「あなたは五黄のとらだから、結婚したらつよいだろうね」といわれたことがある。近衛師団の将校は、将校一般よりもさらに結婚の条件がやかましいと聞き知っていたので、「隊長さんの許可がおりないでしょう」と答えると「誰かの養女ということにしてあげるよ」と中橋は真顔であった。

昭和九年三月、豊橋の歩兵第十八連隊付となった中橋中尉は、部隊とともに満州へ移駐し、昭和十一年一月十日、凱旋と同時にふたたび近歩三へ復帰した。ほぼ一年半の空白ののちに会った恋人は、大陸の太陽に焼かれてか、雪焼けのせいか、浅黒くなって男っぽい感じがした。再会するとすぐ、三軒茶屋の親の家を出て、アパート住いをしたいという。探してくれと頼まれて、市ヶ谷に当時としては贅沢なアパートをみつけた。中橋は帰国後「忙しい」というのが口癖のようになっていて、このアパートでもあまり会う機会はない。部屋は机が一つあるだけの殺風景さで、そこもほとんど留守にして、中橋はとびまわっていた。

青年士官と芸者の恋である。もし中橋基明の子供を宿していたら、私の人生はどうなっただろうか、O女はおりふし帰らぬ夢を手繰ってみる。

O女は妻ではなかったし、ましてや未亡人ではない。中橋基明の三十三回忌までは、その生存を中橋の遺族たちも知らなかった人である。しかし、亡き人への追慕を捨てきれずに生きてきたその半生には、事件の妻たちと同じような痛みと悲しみがあった。

中橋中尉の写真の額を前にした、思いつめた表情の若いO女の写真がある。叛乱軍将校の一人として中橋基明の名前が発表になった直後、一緒に死ぬ気になって写した写真である。

収監された中橋の消息を知りたいと、狂うほど思っても、中橋家へ名乗ってゆくのをはばかる気持がある。芸妓の分を考えると、心が臆した。O女は手をつくして消息を知ろうとした。面会が許されていると知ったときは、四谷大木戸から女の足で二、三十分の宇田川町へ、心が飛んでゆくようであった。ある人が、「中橋さんに会ったよ」とその面影を聞かせてくれたのは、七月の何日だったろうか。少し痩せて、色は白く、爪は短く切って実に綺麗な手をしていた、和服に袴だったと聞くと、中橋の乾いた体臭が感じられるようであった。追いかけて、とどめをさされるような面会の報告。「面会所が取壊されていた。処刑が近いのではないか」。梅雨も終りそうな七月のたよりであった。

愛する人の処刑は、号外で知った。事件直後の残雪の中では、後を追って死にたいとばかり思っていたが、何十日かの時間を生きて来れば、生活の責任が桎梏のようにO女をとらえていた。面倒をみなければならない両親があり、弟がある。処刑を知った夜、写真をかかえて親許へ帰り、生き死にも自由にならない境遇を思って号泣したという。小さな祭壇を祀って中橋の写真に香華をそなえ、その前で娘時代からのばしてきた長い黒髪を一束にして切った。

その夜遅く、中橋家の通夜へ、一人の貧しげな女性が「Oでございます」と名乗って現われ、仏前に黒髪を供えて早々に立ち去った。O女が髪を託した相手は中橋を知る軍人である。軍職にある身で、叛乱者として処刑された人間の通夜へ出向くことをはばかったのであろう。使いをしてくれた女性は、O女も知らない人であった。

中橋の胸中をうすうす察していたとはいえ、それがあのように激発するとは、O女は知らなかった。中橋も、満州から帰任後の短い逢瀬で、素振りにもみせなかった。親の家がある東京で、ほとんど使いもしないアパートを借りたこと、座蒲団をめくって、膝の下に拳銃をかくしていたのを見せられたことなどを思いあたる程度である。週番士官の襷《たすき》をかけたままの姿でちょっと立寄ったことがあり、「変だなぁ」と思ったこともある。近歩三へ帰る中橋を送りながら、二人で高橋邸の横を通り、坂をおりて、そのあたりを散歩したことも、考えてみれば廻り道であった。

それにしても、あの神経の細いおとなしい人が、なんと大それた事件を起こしたのだろうかと、O女には夢のようであった。七つも年上のくせに坊ちゃんで駄々っ子で、笑うと八重歯ののぞく中橋の澄んだ視線のどこに、殺意などが棲む隈があったのだろうか。

事件が叛乱として処断され、軍法会議が始まると、O女も憲兵隊に呼ばれるという風評がしきりであった。O女の出る座敷は、ほとんどが陸軍関係である。情報の伝わり方も早く、まんざら虚報とも思えず、なにを聞かれるのかと怯えていた。その頃のこと、上野池の端の一人の芸者から電話があった。

「私も事件を知っていただろうと睨まれています。もし憲兵に調べられても、なにもしゃべっちゃいけませんよ」

　O女よりいくらか年上らしいその人は、はきはきした口調でO女を力づけると、向うから電話を切った。この芸妓の写真は、いまでもO女のアルバムにある。祭礼の衣裳を着た写真である。名前を思い出せないが、この人も処刑された青年将校の愛人であったという。

　中橋の死後、短い髪はかつらや大きい付髷でごまかして座敷へ出ていた。それがあの夜の座敷で明らさまになってから、軍関係の座敷は気のせいか風当りがつよくなり、売れっ子だったO女も、お茶をひく日がつづいた。座敷へ出るのがたえられないほど苦痛になり、気鬱が嵩じ、一年ほど座敷を休むことになった。心に病が巣喰ったような痛みと虚しさがいつまでも後を曳いた。

「最後の時が参りました」と書き出された家族への遺書に、中橋基明は「何時迄も北満に元気に活躍して居る事と御思召下さい」と書いている。この遺書をO女が知るのは、戦後程経てのことである。偶然の暗合なのだが、処刑が発表になるとすぐ、「あんな立派な人たちを殺すはずがない。実は全員生きていて北満で活躍している」という噂が、いかにも真実らしく囁かれた。中橋基明の場合は特に念が入っていて、彼一人は南京にいて中国の女性と結婚し、子供も出来ていると伝えられた。この噂は、事件以来沈潜しつづけていたO女の心を揺り動かした。

昭和十六年、O女は慰問団の一隊に加わって北支中支一帯をまわった。砂塵のトラックにゆられ、ゲリラの出没する村から村への移動演芸班である。かつらの日本髪や着物に、兵士たちの熱い視線がそそがれた。O女の目的は南京にあった。

南京の玄武湖で船遊びをした日のこと、城壁の彼方に紫禁山が聳え、おりから夕焼けの茜色が四界を燃えたたせはじめていた。南京へ来るまでの行程で、噂は噂に過ぎないことを悟らされてはいた。しかし、南京の夕陽に向って、心は勝手な想いを描く。「なにをしていてもいい、どうか何処かに元気で生きていてほしい。中橋さん、生きていてほしい」と祈って、夕焼けが濃藍の夜に消えるまでひとときを立ちつくした。

中橋が託していった封筒は、憲兵の目をのがれ、空襲の火を避けて守られてきた。空襲がひどくなってからは、事件当時の新聞の切抜きとこの封筒を、いつもリュックサックに入れ、枕許において眠った。

O女にも戦争中から戦後、女としての苦労がついてまわった。芸妓に出される事情をつくった父は死に、弟も二・二六事件の翌年、二十二歳で自ら命を断っていた。戦争がはげしくなり、芸妓をやめてから、大学生の子供のある人の後ぞいになり、六ヵ月で流産するようなこともあったが、愛情の湧かない相手との結婚は、つづかなかった。

終戦直後から人形町で働き、料亭をやるようになって、時勢も落着き、年齢も重ねると、二・二六事件について心おきなく話せるようになる。若い妓を相手に中橋の写真をみせて「私の恋人よ」といえる年頃にO女もなった。「おかみさん、今年もまた二・二六が来ますね」とからかわれる何年かが過ぎて行った。

昭和四十三年、中橋たちの三十三回忌法要の年、偶然がO女を佛心会の河野司氏に引合わせる。おかみの二・二六の恋人の話を耳にした古くからの客の一人が、「本当なのか。それならぜひ会わせたい人がある」と河野氏に引合わせてくれたのである。

三十年前、処刑直前の面会で「O女を頼む」といわれた中橋の弟妹は、河野氏の仲立ちで、亡兄が愛した女性とはじめて対面した。O女は五十代を迎えていた。

O女が守ってきた遺品の封筒は、ようやく遺族の手へ渡された。はじめて封を切られたその内容は、連隊で中橋が最後に整理した身辺の私物であったという。中には、写真道楽の中橋が満州で写した「作品」もあった。その作品のうちで、中橋が好きだった外国女優によく似た女性は、或いは、満州時代の愛人であるかも知れないとO女は想像した。死んだ愛人の写した小柄な女性の写真は、O女のアルバムに大切に貼りこまれている。

O女は今でも、小さく焼きつけた中橋中尉の写真を、大切に身につけている。あの雪の夜、最後の邂逅《かいこう》に、もし中橋と会っていたら、辛くてとても生きては来れなかったと、美しい声が沈んだ。

つい最近のこと、老母の住む故郷へ帰る列車で、中橋にそっくりの後姿をみかけた。中背で心持ち猫背である。はっと気づいたときから動悸がはげしくなった。一時間も迷って、胸を踊らせて前へまわってみたら、似ても似つかぬ人であった。

「生きていても六十何歳かになっているはずですのに、その人は、昔の中橋さんのお年頃でした」と静かに笑いながら、黒瞳はしっとり潤んでいる。

中橋が満州から買って帰り、O女にみせびらかしたことのある羽蒲団が、三十年ぶりに中橋の弟からO女へ贈られた。

「故人の想思《ママ》の貴女に御渡し出来るのは、何と不思議なことかと、われながら感じ入っております」と手紙がそえてあった。

その羽蒲団を、南京の帰途上海で買った支那緞子に包んだ。形見の蒲団に寝て、中橋基明の夢を見たいと思いながら、まだ果たせずにいるという。

O女は今年五十五歳、四十代半ばにしかみえない。芸妓であったことを羞じらいもてらいもしない淡々とした語り口が爽やかであった。少尉時代の中橋に初めて会ってから四、五年のことが、つい昨日のことのように思い出されるという。「わたくし、苦労には負けませんから」と、何の気負いもなく語る言葉に、きびしい人生を生き抜いてきた人の年輪の勁《つよ》さがあった。

秘めた喪章の人生を生きた人は、ほかにもある。二・二六事件の妻たちの物語は、その数だけ異なった結婚の貌をもっている。

豊橋の教導学校から元老西園寺襲撃の兵力を引き連れる予定の竹嶌継夫《たけしまつぐお》中尉は、決行直前、同志と思っていた将校内部に反対者を見出し、対馬勝雄中尉とともに計画を変更、上京。栗原中尉の指揮する部隊とともに、首相官邸を襲撃した。竹嶌の獄中遺書には、他の青年とは異色の要素がある。

「吾れ誤てり、噫、我れ誤てり。

自分の愚な為め是れが御忠義だと一途に思ひ込んで、家の事や母の事、弟達の事、気にかかりつつも涙を呑んで飛び込んでしまつた。

然るに其の結果は遂に此の通りの悲痛事に終つた。噫、何たる事か、今更ら悔いても及ばぬ事と諦める心の底から、押へても押へても湧き上る痛恨悲憤の涙、微衷せめても天に通ぜよ」

「青空が仰ぎたい、太陽の光を全身に浴びて、大地を心ゆく迄踏みしめたい。すがすがしい新緑の木の葉の匂ひを肺臓一杯吸ひたい、さうして精一杯働いて働き抜きたい、人はすべてを失つたとき此の心が湧く」

「死ぬ気で飛び出して、ぱち〳〵やつた時は平気で死ねた。又戦場でも同じだ。然しお前は悪かつたと言はれて、死刑となるときは未練が出る、然も自分は悪いとは思はぬのに」

「悲しい事には、死の直前に来ながら私には生死の大安心がつかぬ。何といふ情けない事か。女々しいと笑はば笑へ、今の私は死にたくないといふのが本音だ。最後まで生きて親孝行がしたい。名も官位も何もいらぬ、親の傍で暮すこと、これぞ現世至上の幸福だ」

竹嶌継夫は三十歳。陸軍少将の長男として生まれ、陸士は河野寿大尉と同じ第四十期の出身。卒業成績は歩兵科第一席、恩賜賞のトップである。満州事変を戦った経験もあった。竹嶌は判決の前日、七月の陽光と風を獄房の格子から胸一杯味わい、芝生の陽ざしに遊ぶ雀の姿に「雀になりたいなあ‼」と書いている。

その竹嶌は、死刑判決を受けた後、「突如天の啓示あり。吾れ信仰に入る。歓喜す」と書くのである。「仏の御声を聞く、哀れな継夫よ、お前の此の世の因縁は尽きたのだ、最早もがくのを止めよ、そして自分の許に来いよと」

生に執着し、青年らしい煩悩に苦しみぬいた竹嶌は、死刑宣告と向いあったとき、己が心にこう言い聞かせて、引導を渡したのであろうか。七月十二日朝、刑の執行を言渡されて、竹嶌は「死んで護国の神となり、最終まで御奉公致します」と最後の言葉を残し、「天皇陛下万歳」を叫びつつ射たれた。

竹嶌の遺した「死を前に控えて」には、死ぬことを美しいことと潔いことと考えて生きて来た青年の、現実の破綻が正直に語られている。十五年間の軍人教育・軍隊生活の中で、鎧のようにまとっていた観念から自由になりたいと望み、平凡な幸福を渇望したとき、死が足早に近づいて来る。死に直面して、生命の無限の価値と生きることの歓びをしたたかに知った青年の、魂の痛みと歎き。その竹嶌の心をゆさぶるのは、電車の音、陽光、風の匂い、そして雀。ごくごく日常的な事柄であった。

竹嶌は獄中で母を恋い、弟たちを想っている。二・二六事件に参加した日、彼は妻を離別して三ヵ月にも満たなかった。結婚は昭和十年の秋頃。陸軍大佐の娘との見合結婚である。九段の軍人会館で式を挙げ、すぐ豊橋へ妻を伴った。新妻は十八歳位の若さであった。従来、この竹嶌の離婚については、事件へ参加を決意したためであると言われてきた。資料の中には、蹶起の数日前に離別したとしているものもあるが、遺族に確かめたところでは、右のような時間の順序であった。離婚はおそらく昭和十年末のことである。

この時期には、磯部や栗原もまだはっきりとは心を決め兼ねている。豊橋で隊付勤務をしている竹嶌中尉から、決断を迫られたというような資料も見あたらない。

十八歳の妻との破綻が、竹嶌の思想に多少関わっていたとしても、離婚と蹶起の決意を直線で結びつけることには無理があるように思える。

一廻りほど年齢の違う夫婦を、わずか三ヵ月で引裂いた事情は、今では知る術もないし、とりたてていう必要もない。ただ、別れた妻にとって、竹嶌と暮した日々、離婚、そして事件、刑死への経過は、どんな記憶を残しているだろうかと、記憶という人間の業をつい思ってみるばかりである。事件後も、処刑された後も、去った竹嶌夫人は音信不通のままであるという。

未亡人たちを訪ねる行脚の中で、ふと耳にした小さな噂を書いても、竹嶌継夫を傷つけることにはなるまい。彼にはかつて愛した女性があり、子供もあった。結婚後そのことが知れて、夫人は実家へ連れ戻されたという噂である。

事件の年、竹嶌は数え年三十歳、当時の青年の結婚適齢を超えている。仮にこういう恋愛事件があったとしても不自然ではない。獄中で母を捨て弟たちを捨てた悔恨にさいなまれながら、別れた妻があったとも書こうとしない竹嶌の心情は、こういう過去を重ね合わせて見る方がかえってよく理解できさえする。蹶起を決意して捨てた妻であるのなら、遺書全体の筆致から考えて、どこかに妻への哀恋の思いがのぞいてもいいはずだからである。

妻まで離別して事件に参加した青年士官の、覚悟も誓いも崩壊しての心境として竹嶌の遺書をみるよりも、恋も知り煩悩も多い青春を蹶起にふり向けた青年の、破綻を迎えてのわが身の鎮魂歌とみる方が、かえって自然であるように感じられる。

この三十余年、二・二六事件を耳にするとき、人の知らない痛みと疼きを感じて生きてきた女性たちの影が、虚実わかたぬ噂の中から浮かび上ってくる。

「雀になりたいなあ。」獄舎で七月の光と影をみながら、そう呟いた竹嶌の心を、ひそやかに弔いつづけてきた人があるとして、その人ももう五十路《いそじ》を生きているはずである。

秘められた喪章(二)

陽光のきらめく木曽川を見下す犬山山頂に、六月の風が渡ってゆく。

中国大陸からシンガポール、ビルマ、雲南、インパールへ転戦したある高射砲大隊の鎮魂碑の、今日は除幕式である。昭和二十年八月、敗戦により消滅するまで四年の歴史。戦死、戦傷死、戦病死あわせて四百余名。雲南、インパールの撤退で、死ぬべき命を拾い、虜囚の憂目にも耐えてやがて二十年、生存者百八十九名の力で、ここまで漕ぎつけたのである。悪疫瘴癘《しょうれい》の地に、命つきた戦友たちの屍を残して、祖国へ帰りついた男たちの痛恨が、一基の碑にこめられている。

ビルマ北部インドウで戦死した浦大隊長の未亡人が、遺族を代表して祭辞を読んだ。

「戦没者が生前かの地におきまして皆様方に色々ご面倒をおかけしたことと存じます。改めて、お礼をここに申しあげます。

この度慰霊碑を、風光明媚な由緒あるこの地にお建て下さいましたことは、遺族一同皆様方の重ね重ねの御芳志に感泣するところでございます。
お知らせを受けてほんとうに嬉しく、二十年の苦労も一度にふき飛んでしまいました。生きていてよかったとつくづく思いました。遺族でなければわからない嬉しい気持でございます」

死者の声のように喪服の袂を風がゆする。二十八歳で未亡人となった浦香治陸軍中佐の夫人は、しっかりした声で、

「私共遺族も、この慰霊碑を嬉しい時も哀しい時も心のささえとして生き抜きたいと思います」と結んだ。

師団あるいは連隊の単位で、または郷土出身者を集めての慰霊碑建立の例は多いが、大隊の、それも僅かな生き残りの人々による慰霊碑は数少い。南方戦線ことにインパールでの死屍累々の敗走の記憶が、生者を駆り立てるようである。

戦争で死んだ男たちの母、妻、子、姉妹として、こういう法要につらなるいわれをもつ女性は、何百万といる。大隊長夫人として挨拶に立った浦夫人も、その一人に過ぎない。あの戦争で何百万の男の死を見送った日本女性として、珍しくはない情景である。

この山頂に集う、浦中佐にゆかりのある人々は誰一人知らないが、浦未亡人は、かつて二・二六事件で一度未亡人になった女性であった。

昭和十一年二月九日に式を挙げ、半月後の二十六日、事件に参加した陸軍中尉坂井直

の妻である。

坂井中尉に結婚早々の新妻があることは、当時の新聞記事にも書かれたが、夫人の実家のある街には、夫人と同姓同名の女性がもう一人いた。坂井家では、退役陸軍少将の父が嫁に関する一切の取材を拒否し、写真館に手を廻して、結婚写真の原版を処分してしまった。新聞社の取材は別な女性を追い、坂井夫人の消息はぷつんと切れてしまう。そのまま戦争の時代が過ぎた。戦後の二・二六事件資料にも、別な坂井夫人のことが紹介されているほどである。

福岡市に住む浦夫人を訪ねたのは、夏の終りであった。いつもは、琴の生徒たちで賑わうという部屋は、綺麗に片づけられて、女ひとりの暮しは、みやびやかなたたずまいである。

結婚半月の坂井中尉との間に子供はなく、浦中佐との一人息子は、すでに結婚して一戸を構えている。その息子も、母の秘められた過去を知らない。

四日市の諏訪神社で坂井直と結婚式をあげ、上京して花嫁荷物も解かぬうちに、二十歳の花嫁は気づかれで病気になった。早く入籍手つづきをしようというところへ、二・二六事件が起きたのである。夫人は戸籍上は未婚のまま実家へ帰ることになる。そのために長く「秘密」が保たれることになった。浦夫人が坂井夫人その人であることは、戦死した浦中佐しか知らなかった。

夫人の父は陸軍航空大佐で軍人生活を終る人。母は、二・二六事件の有力な同調者の一人で歌人の、斎藤瀏少将の養女。夫人の父は、永田鉄山斬殺の相沢三郎中佐と陸士の同期生であり、戸山学校で一緒に教官を勤めた仲でもある。とはいえ、坂井中尉との結婚は、青年将校運動とはまったく無縁なところできまった。

父の任地の伊勢市で女学校をおえ、花嫁修業の稽古事にいそしんでいるときに、隣家の陸軍少将から持込まれた縁談である。坂井の父は、息子の陸大受験前に結婚させたい考えで、嫁選びを急いでいた。最初に「下見」に来て、息子の嫁を選んでいったのはこの父親である。

昭和十年の秋、坂井父子が伊勢を訪ねて来て、見合をした。歩三の連隊旗手もしていた坂井は、別に思想問題を疑う余地もなかった。実家の父はまだ娘が若過ぎると一度はことわったが、坂井の純真な気持にひかれた。縁談がまとまって、正月に坂井は一人で遊びに来ている。手紙は何度かやりとりしたが、事件を予知させるような内容はなにもなかった。結婚するまでに会ったのは、見合も含めて二度か三度——。

上京する汽車の中で、坂井は新妻に「相沢（三郎）さんの公判について、お父さんはなにか言ってなかったか」と訊ねた。相沢中佐と夫人の父との関係をわきまえての坂井の質問である。刻々に奔流に押し流されようとしている男の妻となった若い女性の心中を、坂井は探ってみたかったのかも知れない。当時の夫人は、陸軍をゆさぶっている嵐の前ぶれなどにはほとんど関心がない。軍人の妻の心得は、軍人の家庭に育って多少は知っている。とはいえ、七歳年長の青年士官と並んだ車中で、夫人が描いた未来図は、平凡な妻の幸福であった。

新居は麻布竜土町の借家。夫の所属する歩兵第三連隊の、兵営が見える高台にあった。

「近くないと、寂しいだろう」と坂井が探した家である。

上京して、斎藤少将はじめ親戚への挨拶廻りで疲れが出、夫人はすぐに寝ついた。週番勤務が一週間繰上り、夫が勤務につくのが二月二十二日。一緒に暮したごく短い日数のうち、一週間は、夫人は病臥していた。週番勤務の繰上げは、事件へ参加するためである。病人の新妻を残してゆくことに、坂井はやはり心が残ったのであろう。女中か家政婦を雇おうとしてみつからず、家主の海軍大佐未亡人に、妻の世話を頼んで出て行った。

判決によれば、坂井中尉が安藤大尉から任務を通達され「快諾」するのは二十三日。これは最終的な任務分担である。坂井の襲撃目標は、四谷仲町の斎藤内大臣私邸であった。

週番勤務についてから、坂井は二度帰宅している。一度は夫人の病状を見に来たのであろう。同僚の清原少尉か麦屋少尉が一緒で、「今から山下奉文閣下のところへ相沢公判の様子を聞きに行く」と言って出て行った。二度目には「演習に行く」と言って、拳銃や軍刀など、軍装を持出して行った。

大家の奥さんに泊りこんでもらって、東京の一人暮しに少し馴れた夫人は、二月二十六日の夜、雪を踏みしめながら、歩三へ夫の郵便物を届けに行った。連隊と目と鼻の距離にいて、事件の突発も夫の参加も知らない。「坂井ですが、主人が週番勤務中ですのでお渡し下さい」と衛兵に託した。歩三の営内は電気が煌々と輝き、深い雪の白さに反射していた。特に異変は感じなかった。

二月二十七日、朝の六時頃、しのびやかに玄関を叩く音がする。大家の奥さんが「御主人じゃないですか」と起きて玄関をあけた。

入って来た坂井は、軍装のままで、いつもと変ったところはなかった。

「こちらへちょっと来なさい」

と二階へ呼んで、新聞の号外を夫人の前へひろげた。「帝都に青年将校の襲撃事件斎藤内府、渡辺教育総監、岡田首相ら即死す　高橋蔵相、鈴木侍従長負傷」という事件の第一報である。

坂井は号外を見せると「こういうことになったから」と言った。ほぼ二十四時間前、斎藤内府即死の現場の指揮官であったことなど感じさせない、穏かな声である。週番勤務の終る二十九日には帰って来る、サイドカーを物蔭に待たしてあるから行かなければならないが、誰にもなにも言わないように、と言って、風のように出て行った。これが、坂井直を見る最後となった。

夫人の父は、娘の上京後新居の様子を見にきて、任地へ帰るとすぐに事件を知った。上司の明野飛行学校長から「歩三がやってるらしいが、大丈夫か」と質されて、「うちの婿は、陸大受験の勉強をしていました」と答える。青年将校運動の関係者は、陸大出身を示す徽章・天保銭を嫌った。陸大を出て中央幕僚のエリートコースを辿ることを、軍人として邪道とみたのである。陸大を目指すことは、政治運動に傾斜する青年将校にとって本来あり得ないことであり、上官や家族にとっては一つの安心の目途となった。

坂井は父の強い希望もあって、陸軍大学校受験の準備をしており、模擬テストも受けている。家族は誰も坂井の革新傾向を知らなかった。

坂井が会いに来た二月二十七日の夜、四日市に住む坂井の父から、上京を告げるウナ電が届いた。品川駅へ迎えに出て会うとすぐ、「直《なお》がやったんだろう」と聞かれた。夫から口止めされているので黙っていると「親にかくすとは何事か」と叱られたが、麻布の家へつくまで黙り通した。夫が事件にどうかかわり、事件がなにを意味するのか、夫人にもはっきりとはわかっていない。

夫が帰ると約束した二月二十九日の前日、二十八日に憲兵が家宅捜索に来る。舅は「階下の荷物は嫁のものだ」と言って、手をつけさせなかった。嫁入り道具をまとめ、四日市の坂井家へ着いたのが三月六日の午前中。その日の夕方、伊勢市から実家の父が迎えに来て、連れ帰られる。一日一日の情況の激変に目を見張って、眦《まなじり》が切れそうに思いつめた新妻に、自分の進退をきめる判断力がそなわるのは何年も後のこと。このときの坂井夫人は舅の手から父の手へ奪い返されて、怯えた人形のような存在であった。

夫人の父はのちに慰留されることになるが、陸軍へ辞表提出中の身であった。娘婿の行動に責任を感じてのことである。代々軍人の家に生まれた夫人は、軍人との結婚を願っていた。希望通りの相手にめぐりあった長女を盛大に嫁がせ、喜んでいたというのに、なんと可哀想なことかと、父親は身の慄えるほどの立腹であった。厳しい父の声を夫人はうなだれて聞いた。裏切られた失意の思いよりは、叛乱軍として獄に捕われている夫の身の上が案じられてならなかったのである。

父の厳命で新聞も充分には読めず、禁足を言い渡され、坂井とはもちろん、坂井家の人々にもついに会うことは出来なかった。叛徒という言葉の重さは、現在では比較しようがない。治安維持法違反のいわゆるアカと並んで、当時は致命的な烙印であった。すくんでしまって、「坂井に会いたい」という言葉を口に出来るような空気ではなかった。

暗黒裁判であることは、誰から聞いたわけでもないが知っていた。死刑の判決があったらしいことは、父と仲人の陸軍少将のひそひそ話で察したが、いっさい面会は許されないものとばかり思っていた。後になって、面会に行った人から、坂井が弟たちに妻のことを心配していたと聞いて、夫は私の面会をどれだけ待っていただろうと、かくれて泣いた。坂井のことも、二・二六事件のことも、家の中ではタブーであった。

坂井は田中勝と陸士四十四期で同期である。在学中の病気で田中は四十五期の卒業だが、田中夫人は、陸軍衛戍刑務所の面会室で、「直が悪くありました」と父の老少将に頭を下げた坂井中尉の、キビキビした声を聞いている。

七月十一日午後九時、明朝の処刑を前に、坂井直は家族あての遺書を書く。

最後に、御父上様始め皆々様に、御目にかかることが出来ました。

死がやつて参りました。

孝子の腹巻に御守りが這入つて居ります。

宏大無辺の御仏の御慈悲に浸り、唯忠を念じて瞑目致します。前途を祝福して下さい。

天皇陛下万々歳
夫人の名は孝子。この遺書を読むのは、戦争が終って何年もたってからである。「腹巻に御守り」とあるが、夫人はなにも心当りがない。

坂井家の人々は、死んでゆく坂井直に、実家で半ば監禁状態の孝子夫人のことを、適当にぼかして、面会にこれないと言いつくろったものと思われる。「死がやつて参りました」という簡潔な一行のあとへ、夫人も覚えのないお守りのことを書いたのは、なぜなのか。

夫人によれば、坂井直は元来は海軍志望であったと言う。もし海軍士官の道を進んでいたら、叛徒として銃殺される運命から免れたであろうか。坂井の陸士同期生中には、在校中に五・一五事件（昭和七年）に参加し、陸士を逐われた者もいる。五・一五事件では、陸軍士官候補生、民間人をまじえながら、主力は海軍将校であった。陸軍といわず海軍といわず、非常手段による国内変革の夢と熱が、青年将校の心をとりこにした時代である。坂井直もまた、海軍士官の制服を着ていても、この時代の風雲の外にはいられない青年であったのかも知れない。

坂井自身は何も書き遺さなかったが、秩父宮の歩三在勤中、秩父宮への連絡将校をつとめている。中橋基明が「蹶起の際は一中隊を引率して迎へに来い」という秩父宮の言葉を書き遺したのは、坂井の言による。坂井直は昭和八年頃から、青年将校運動の一員として名前を列ねていたのである。

坂井直には弟があったが、処刑後、坂井の父の老少将は嫁に養子を迎えて坂井家を嗣がせようと考えたらしい。結婚生活わずか半月の嫁への責任を、息子に代ってこういう形で果たそうとしたのであろうか。しかし夫人の父は、坂井につながるいっさいの過去を遮断した。思わぬ不幸に遭った娘の将来に、最善の処置と考えてのことである。

当時の佐官の生活は、現在でいえば一流会社の部長にあたる。女中を使って、かなり豊かな生活が出来た。孝子さんはそういう環境に育ち、破鏡を経験したといっても二十歳の若さで、世間知らずのままであった。父親はこの娘を不憫に思い、ほしいといえば、ピアノでもなんでも買い与えた。父の任地へついて歩き、稽古事に明け暮れる日々がつづく。両親は一日も早く再婚させたい様子だったが、坂井の墓参もすまさずに結婚などしたくないと、それだけは心を固く閉じていた。

昭和十六年三月、九州の飛行学校長に在職中、父が病死した。晩年には、父親も娘の心を察したのであろう。「墓参りをしてちゃんと結婚しろよ」とぽつんと言ったことがある。

母に内緒で三重県にある坂井直の墓へ詣でようかと思いながら、父の法要に時間が流れて果たさぬうちに、当時陸軍少佐の浦がひょっこり尋ねてきた。昭和十六年秋のことである。浦家とは父が朝鮮の平壌勤務の時代に、陸軍官舎が近所同士で、女学生だった孝子さんは、少尉時代の浦を知っている。昭和十四年、支那事変に出征中の浦との縁談をもちこんだ人があったが、坂井の思い出に浸っていた孝子さんは気がすすまなかった。その後消息が途切れていたのを、同じ九州にいると知っての不意の訪問であった。浦少佐は老母と二人暮し、三十を二つ三つ越しながら独り身である。孝子さんが、二・二六事件の青年将校の未亡人とは知らずの訪問であった。

十月に浦少佐は求婚した。坂井直のことを話すと、「自分も実は志は同じで、むしろもっと急進的な気持を持っていた。坂井の心はよくわかる。そうだったのか」と心を打たれたふうであった。浦少佐は死んだ坂井直と陸士の同期生だったのである。

「坂井の墓参をすませて結婚してくれ。いつまでも待つ。籍を入れるだけでもいい」と言う浦少佐の求婚がつづいたが、十二月七日の夜、車で来て待たせたまま、どうしても返事を聞かせてくれと言った。その夜、結婚の約束をした。坂井の同期生という懐しさ半分のところもあった。翌朝、真珠湾奇襲、開戦の臨時ニュースを聞いた。浦の強引な求婚の心中がわかるような気がした。

十二月の暮にまず籍を入れ、十七年の二月に式を挙げた。新居は浦の老母と一緒であった。浦は高射砲隊に所属している。南方戦線へ部隊の移動はしきりだったが、しばらく結婚生活を味わわせてやろうという上官の思いやりか、なかなか出動命令がおりない。「早く前線へ出してもらいたい」と文句を言っていたこともある。

戦争が景気よくみえたのは、緒戦の頃だけである。半年後には彼我の形勢は逆転しはじめる。太平洋の涯から涯まで騎虎の勢いで軍を進めて行ったものの、どうこの大戦争を収拾するのか、方針も準備も確立されない。連合軍の反撃が開始されると、ひとたまりもなかった。「転進」という敗退をかくす造語では間に合わない。玉砕から玉砕へ、間隔がつめられて来る。補給が出来ず、飢えと弾薬欠乏と南方特有の疾病の孤島へ、置きざりが始まる。

浦夫妻には十七年十月長男が生まれた。その子がようやく父の顔を覚え、かたことで父を呼ぶようになった十九年三月、浦中佐は、大隊長として敗色日に濃い最前線へ出て行った。

着任を前に浦中佐から孝子夫人へ。

任地に着く日も近い。

わたしは固よりだが、今更申すまでもなく、お前も覚悟は出来て居る筈だ。

わたしは、お前といふ妻を持つたために、少しも後顧の憂なく何処へでも行ける。

何時でも、笑つて死ねるといふことを、今程沁みじみ仕合せと感じたことはない。

厳格な母に仕へ、T夫の養育もあり、さぞかし苦労であらうが、万々一のことがあつても、決して力を落し、うろたへる様なことなく、一層しつかり頼む。（中略）

呉々も御機嫌宜しく。

T夫に気をつけてくれ。　さようなら

三月十一日午後四時

妻へ

そして四月四日、浦中佐はビルマで作戦中地雷に触れて戦死。公報を伝える村役場の係員の、控え目に扉を叩く音を、今でも夫人はありありと聞くことがある。

五月になれば、浦中佐は陸大専科の受験に帰ってくるという話だった。

浦の場合は、本人も死を覚悟して戦場へ赴いた。二年半にも満たない結婚生活だったが、送り出す方にも心構えがあった。坂井の場合、その死は、死ぬまで心から離れまいと思うという。

戦争が終り、幼な児を抱えての必死の生活にも区切りがついて、長く心に懸っていた坂井の墓前へ詣でた。夫二人が、死後の世界でなにを語っているだろうかと思わずにはいられなかった。その後、二・二六事件の資料を、手に入る限り貪り読んだ。「上の人たちが責任を回避して恥じないひどい事件です」と、夫人は熱っぽく語った。

昭和十年の秋に見合をして、十一年の正月には婚約者に日本髪を結わせ、軍服姿で寄りそう写真を残した坂井は、お嬢さん育ちの美しい娘を愛し、結婚したのである。その妻を、短い同棲ののちに未亡人とするなど坂井は考えもせず、蹶起の目的は必ず成就すると信じていたのであろう。

あの青年将校たちには、躊躇や懐疑、青年らしい恋情を、ことさら無視して強がる嫌いがある。強がって、景気のいい確信に満ちた言葉を吐いて、互いに起たざるを得ない抜き差しならないところへ自らはまりこんでゆく。そういう生硬な一面が事件を発起させかつ挫折を招来したと言っては言い過ぎだろうか。

坂井直は死んだとき数えの二十七歳。その蹶起には青年の純真と固いおごりが感じられる。結婚半月で大事に参画する男に、結婚とは、妻とは、どんな意味をもっていたのだろうか。結婚は偽装とも出陣の花飾りとも思えない。ごく少数者の間で実行計画は練られ、計画の伝達から実行への時間はきわめて短い。誘われて、促がされて、否と言えない下地は長い時間かかって培われていたとしても、最後に襲撃部隊を率いて起つまでの決断の時間は、ごくごく短い。結婚して半月のうちの最後の何日間かのことである。坂井にとってはおそらく不用意で不本意な結婚となった。

夫と妻として暮したのはわずか十五日。十五日間でも妻は妻である。だが、一生のうちで十五日位の空白を誰が問題にするだろうか。無為の何十日、何百日が見えない休止符のように人生の壁には畳みこまれている。しかし、孝子さんは坂井の妻でありその未亡人である事実を喪服のように心にまとわせて浦の妻となり、浦の未亡人となった。

坂井と浦と、未亡人は二人ながら夫の死顔を見ていない。二人とも本当に死んだとは今も思えない。死んだ夫の夢を見て、それがどちらなのか、定かでないと孝子さんは言う。

夫人は五十歳を過ぎたばかり。とっぷり暮れた南国の街角で別れるとき、明日の出稽古の打合せを思い出したからと公衆電話のボックスへ走りながら、立止って手を振った。夜目にくっきりと白い二の腕だった。

東京へ帰って間もなく、達筆の手紙が届いた。そこにはこう書かれていた。

「亡くなった者はほんとうに良い人達でした。二度と会えないと思いますと、胸がはりさけるようですし、忘れることが出来ればこんな苦しい毎日をすごさなくてよいと思いますが。

もう一度生れ変ってきたら何を望むかと聞かれれば、やはり坂井と結婚して浦と一緒に居たいと思います」

坂井の墓へも何度も詣った。亡くなった夫たちと同じにいつまでも若い気持で余生を送りたいと思う。あの世から見守ってくれている二人を思えば、心強い。

孝子さんはいま、浦中佐戦死の地ビルマを訪ねる準備を進めている。

二・二六事件を起こした青年将校というとき、人はどんなイメージを描くのだろうか。カーキ色の軍服、短く刈込んだ坊主頭、額の上半分を帯のように残して陽灼けした、軍人特有の顔。その内側に、天皇絶対の信仰を皮膚のようにまとい、遅疑逡巡を意識的に切り捨てた青春。若人らしいたゆとう想いや惑いの情感の生きる余地はないように見える。

事件がもし挫折しなかったら、二・二六の男たちは頑なでいささかやりきれない青年として終始したかも知れない。彼等にとってはこの上なく不幸な挫折、運命の逆転によって、男たちは青年らしいその素顔を残すことになった。

ここに紹介するのは、ある事情から名前を伏せるが、もっとも急進的であった陸軍中尉Aの獄中書簡である。

　愛するa

　またこれからしばらく手紙をあげるのかも知れないね。人は何時その終りが来るかも知れないで居り乍ら、毎日いろいろなことを為なければならない。

　こうやつてそなたに手紙を書きながら別にこれといつて書く事もないのが判る。けれどもそなたに物言つてゐる時と同様に、そなたの白い皮膚の匂も、つややかな黒髪の乱れも、そなたの微かな溜息も、またひそやかな戦慄も、みんな僕の周囲に立籠めてゐる。そなたの姿態が何故こんなにはつきりと僕の目の前に浮んでくるのだらうか。行き交ふ女の人にそなたの映想《(ママ)》を求める。

　毎日強く生きてゆかねばならない僕はどうして。a、そなたは時々僕の行為を憎むね。

　然し僕は愛するそなたの、たよやかな身体を、そなたの肉体を一分一分に粉砕したい様な気がする。そなたのすべてを僕の思ふ儘に、僕の愛情の激発するままに、僕の行くところまでもつて行きたいのだ。誰も知らない、二人丈の悲しみ、苦しみ、喜びを二人丈で味ひ得るものは幸福だね。

　愛するa

　すべてを抛つて僕のところに来たならばどうかしら。僕はそれを毎日考へてゐる。

朝起きた時なんだか空な気がするし、夕帰つた時誰か欠けた気がする。けれども僕は時々思ふことがあるのだよ。なぜこんなにそなたが好きなんだらう。静寂と共に迫つてくる死の幻影に戦くときもあるし、狂暴の血液の躍動に駆られるのに、そなたの幻影はたゞ美しくたゞ香はしく僕を包む。そなたが僕の胸に凭れて泣く時を考へてみた。そなたの髪の冷い感触に人生の悲苦を知る時があらうか。所詮すべては、神の裁きの下に立つであらうし、僕等も与へられた軌跡を運命の曲線を回転しつゝ生きて行くのかも知れぬ。

a、そなたの心臓の鼓動が微かに響いてくる様な気がする。そなたの心臓が一秒々々と動くとき屹度僕の心もその刻みに入つてゐるのだらうね。aは屹度可愛想な子だと。僕の愛情は消へなんとする光の最期の閃きの一つかも知れないから。

毎日、人の運命を考へる様になつたよ。

aのかぼそい肉体の微かなおのゝきを心に浮べながら。

さよなら

四日夕

A

aさま

僕のところへ何故こないのだ、僕は君が欲しいのだよ

明朝九時判決言渡しと、軍法会議から通告された七月四日夕刻の手紙である。別れて百三十余日、二十九歳の心と躰は、獄舎の頑丈な格子を越えて、妻に向って突進しそうな一瞬をもったのである。

A中尉の日常は「北一輝聴取書」の「非常に急進無謀の事を考へる男ですから、私から特に注意した事が記憶に残つて居ります」という評に集約されている。この手紙には、そういう青年将校が心の襞にしまっていた生ま生ましい感情が息づいている。

a夫人は、このとき二十二か三。豊かな商家の娘で、Aに見染められての結婚である。この手紙は、夫人にとってはひとつの謎かけであった。「すべてを抛つて僕のところに来たならばどうかしら」「僕のところへ何故こないのだ、僕は君が欲しいのだよ」と呼びかけられても、面会さえ出来ない境遇なのである。A中尉自身は一ヵ月前に死刑を求刑されている。軍法会議の審理から推して、明日、死刑判決は逃れられそうもない。死を予期し、死を決意して書いた手紙であった。

夫の求めに応えるには、獄外の夫人にはたった一つの方法しかない。来世があるのならば、死ねばまた夫婦としての生活が戻って来るとも言える。面会室で、二人は死後の世界の幸福を語ったこともあるのだろうか。

しかし、そういう結末にはならなかった。A中尉は知らずに処刑されたが、この手紙には後日譚がある。

事件の直前、A中尉は襲撃分担の打合せのため、ある地方都市の同志に会いに行った。蹶起のための弾薬運搬の仕事も兼ねてのことである。このときAは一人ではなく、偽装のための女連れであった。そしてその女性はa夫人ではなかったのである。新婚の妻と濃やかな愛の生活をつづけながら、Aは結婚前の愛人との関係を復活させていたという。「焼けぼっくいに火がつきました」とAは親しい人に洩らしたと言われる。

妻以外の女性と一緒だったとして、本当によりが戻ってのことか、或いは単に妻を危険にさらしたくないと考えてのことか、A中尉は釈明の機会を持たなかったが、夫の銃殺の直後に、この同行の女性を知ったことは、夫人にはひどい衝撃であった。夫人は、夫の遺骨の前で、夫の遺品を整理するうち、夫の日記帳をみつけたのである。懐しい夫の筆蹟、夫の感情の起伏や行動を辿るうちに、思わぬ一行にぶつかったのだという。

職業軍人として教育を受けた人々は、何も事件のない日でも「特記すべきことなし」とわざわざ書く程に、日記をつける習慣を叩きこまれている。A中尉は、長年の習慣でつけた日記が、自分の刑死後妻の目にふれ、妻の心をズタズタに引き裂く日があるなど、想像もしなかったのであろうか。

焼けぼっくいに火がつくような男の間違いがあり、蹶起準備の小旅行に妻以外の女性を伴ったとしても、独房のA中尉が恋い焦れたのはa夫人の現し身である。獄中の手紙からは、A中尉の、虚飾を去った赤裸々な真実が迫ってくる。

しかし、真偽を糺したくても、背信をなじりたくても、夫は既に死者の世界にいる。夫人は最愛の者に裏切られた痛みからどうしても逃れられなかった。夫の処刑の打撃に追い打ちをかけるような夫の秘めごとに、夫人の心は微塵に砕け、猜疑の苦い思いが心に毒を注ぎこむようであった。美しい懐しい手紙を前に、死後の幸福を真剣に考えた自分が、愚かなお人よしに思えてならなかった。ついに夫人は夫を許せなかったのである。

A夫妻に鎮魂のときはこなかった。

たぎるような感情をぶつける対象をもたなかった若い未亡人の心の葛藤も痛ましいが、獄舎で妻の肉体を求め、妻恋いの心情を手紙に吐露し、その後の暗転も知らずに死んでいった男にも、いい知れぬ哀れさがある。

a夫人は間もなく、親しい友人に別れも告げず、消息を絶った。夫との思い出を断ち切り、二・二六事件とも縁を切ったのである。三十余年経った今、過去を切り捨てたa夫人の秘かな鎮魂と、未亡人として生き抜いてきて、婚家のみえない圧力に心萎え、追悼法要にも出席をはばかる未亡人の人知れぬ祈りと、どちらに女としての深い歎きや悲しみがあるのだろうか。

母としての枷《かせ》

幼い子供を抱えて未亡人となった七人の妻たちは、叛乱者の妻の烙印とともに母としての責任を荷わなければならなかった。

その中でも、香田清貞大尉の妻富美子の半生には、母という名の重さをしみじみ感じさせるものがある。その重さから脱れようとして、結局は母の座へ回帰する短い一生であった。

昭和四十三年四月の花冷えの午後、都心に近いカトリック教会で、一人の女性の告別ミサが行なわれた。参会者は百余人、黄と白の菊の献花に埋まる故人の写真には、寂しい笑いが漂っている。

香田忠勝氏が立って、嫂《あによめ》富美子の一生を回顧した。昭和十一年七月十二日に未亡人となり、この年四月十二日癌で亡くなるまでを追悼しながら、香田氏は男泣きに泣いた。

オルガンのゆるやかな調べにあわせて、涙がちな讃美歌が流れる。夫の処刑ののち、二人の子供を婚家へ残して去り、運命の激浪のままに漂うた人は、いま親子の縁の薄かった娘の胸に抱かれ、夫の待つ世界へ去ってゆく。そこは、香田夫人が三十年ぶりにやっと辿りついた安らぎの境涯であるかも知れなかった。

香田夫妻の結婚は昭和五年、事件関係者では結婚歴の長い方に属する。独身時代の香田は、弟忠勝氏によればなかなか女性にもて、金使いも荒く、月給八十五円の中尉時代でも、親から百円、二百円と小遣いをもらう気ままな息子であった。「早く身を固めさせなきゃ、たまらない」という父親の意向で、見合写真が集められたという。香田は村中孝次と陸士の同期生だが、結婚前には、政治運動とのつながりは稀薄であったようである。

もっとも、富美子夫人を推薦したのが、同じ歩一の栗原安秀で、青年将校仲間の交遊の中に、時代の波を敏感に反映するつながりはあった。

昭和七年一月に長女清美誕生、翌八年八月長男茂誕生、この結婚生活の暦に平行して、香田の政治的傾斜は急になってゆく。七年の五・一五事件以後、西田税に伴われて北一輝を訪問、八年秋の救国埼玉挺身隊事件では、栗原、中橋、丹生とともに、検察資料に記録されることになる。この頃から、香田宅は革新将校の拠点のようになり、憲兵の張込みがつづくようになった。東京へおいてはいけないという上官の判断で、中国北支の駐屯軍へ飛ばされる。昭和九年三月大尉へ進級の直後で、以後十年六月まで、唐山の守備隊長として勤務。妻子はこの一年三ヵ月の間、香田の両親の許に身を寄せていた。

中国在勤中の香田は、同じく軍職にある義弟と山海関で会った際、「直接行動に出る意向はない。安心していていいよ」と語ったというが、一度燃えついた心の火は、なかなか消えはしない。故国へ凱旋して第一回の週番勤務の日、真崎教育総監の更迭問題に憤激し、蹶起の決意で武装を整え、勤務に服した（磯部「行動記」）。週番司令は、夜間、休日、連隊長代理としての連隊の命脈を握っている。野中大尉にしても香田大尉にしても、週番勤勉中の蹶起を口にしているのは、兵員、武器弾薬を動かす襲撃の可能性を知悉していたためである。

昭和十年の秋頃のことであろうか。磯部浅一に向って、村中も香田も「来年三月頃迄には解決せねばならぬ」と決意の堅さを語っている（「行動記」）。

そういう心情の香田大尉を招いた真崎甚三郎大将は、香田から青年将校の活動状況を聞いて同感の意を示すとともに、「青年将校の努力未だ足らず」として、憤懣の態度で「教育総監更迭（真崎自身の更迭であり、後任は渡辺錠太郎陸軍大将）には最後まで反対した。もしこれに同意したようなことがあれば、今日まで生存していない」云々と語ったという（判決）。昭和十年十二月二十八日頃のことである。

生後七ヵ月で父の出征を送った香田の長男は、香田が北支から帰国したとき、数えの三歳であった。父の顔は知らない。叔父に抱かれて宮城前へ凱旋を迎えにゆき、父に会うと、「お父さんというんだよ」と言い含められていたのに「おじちゃん」と呼んだ。香田は嫌な顔をしたという。

蹶起一筋に人生を急いだような香田の心に、この家族のことがなかったわけではない。昭和十一年が明けて間もなく、村中家を訪ねた香田は、「起とう起とうと思っても、家族にひかれてなかなかたてないもんですなあ」とその苦衷をちらりとのぞかせている。同期生同士のこの会話を、襖をあけかけてつい耳にとめてしまった村中夫人は、夫たちの志向を改めて確認させられる思いで慄然とした。

あいにくなことに、香田家と夫人の実家の斎藤家とは、事件以前からしっくりいっていなかったようである。

香田の父は、陸軍で特務曹長まで勤めて、陸士出身者に対する下士官の侘しさを痛感した人である。退役後は株で財産をつくって、悠々自適の生活ぶりだったが、息子を陸士出の軍人にするのが生涯の望みであった。長男の香田清貞は、この父の希望によって陸士へ進み、陸軍軍人になった。

夫人の父は、退役獣医少佐で、栗原安秀の父と同様、軍人出身者が占める住宅地に住み、軍人社会に属する人物である。両家の感情的な齟齬の理由の一半は、香田大尉の親子「革新」傾向にあったのであろう。しかし主な理由は、香田夫妻、特に香田大尉の親子関係に対する不用意さから生まれたのではないかと思われる。既に関係者のほとんどが故人になっていて、確かめようもないが、富美子夫人は、香田家であまり好感される嫁ではなく、それがまた夫人の実家には不満の材料になっていたようである。

不用意さというのはこういうことである。長男の香田は、結婚後親の家からわずか二十メートルばかりのところに家を借り、夫婦二人で住んだ。親子別居は今なら珍しいことではないが、当時としては思いきったことである。親からみれば若い夫婦におきざりにされた感じである。親は親、子は子で首尾一貫していれば、かえってしこりは残らなかったのかも知れないが、香田は自分たちの都合で親許へ同居してみたり、また別居したり、身勝手であった。北支出動中、親許へ妻子三人を預けながら、帰国が決まると、父宛の手紙に「家を探しておいてくれ、その家へ帰る」と書いてよこして父親を激怒させている。香田大尉の方は、呑気に考えて好き勝手をしたのであろうが、それが舅姑と同居中の妻にどうはね返るか、考える思慮を欠いていた。こんないわば些細なことが、事件後の未亡人の辛い境遇の種を蒔くことになった。

肚を立てながらも父親が借りてくれた吉祥寺の家で、十年六月から翌年二月まで、親子四人水入らずの生活がつづいた。村中孝次が訪ねて来て、香田親子と一緒に写した写真も残っている。穏やかな日和は長くはつづかなかった。この家から、香田は事件へ参加することになる。

いよいよ蹶起を決意した香田は、家族の処置に心を悩ました。二月十五日か六日のこと、香田は久しぶりに父を訪ねた。帰国の際の家探し以来気まずさの残っている父親に向って、「お父さん、吉祥寺に別れて暮しているのもいいけれど、またここに帰って来たくなったから、帰って来てもいいだろう。一緒に暮したい」ともちかけた。父親は再三のことで懲りている。また家の中がガタガタしてはたまらないと思ったのであろう。「帰りたかったら帰って来てもいいけれど——」と、返事は切れが悪かった。

山海関で香田と会った義弟は、事件が起きたとき、仙台で教導学校の中隊長をしていた。臨時ニュースで事件を知った妹は、すぐ兄の参加を直感した。山海関での香田の言葉は本音であったとしても、帝都の中枢の事件にあの兄が無縁とは信じられない。仙台から東京へ「兄はいるか」の電報が飛んだ。

二月二十六日夜、弟の忠勝氏は、父に頼まれて大雪の中を吉祥寺へ様子を見に行った。平常の連隊勤務なら、兄はもう帰宅している時間である。つい二、三日前、演習出張に出かけると言っていた兄の顔を思い出しながら、底冷えする雪の道を歩いて行った。

玄関へ出たのは嫂であった。

「兄さんは？」

「いません」

昨日、軍服を一揃別に持って出かけたきり、帰らないという。義姉の表情にはなんの変化もない。香田夫人は自分の意志を表に現わさず、内にこもる性格で、終生変らなかった。事件へ夫が参加したと知った瞬間にも、動転しているのか憤っているのか、義姉の心中をはかり兼ねる程であった。

香田の参加がはっきりすると、香田の父はカイゼル髭を大きなマスクでかくして、吉祥寺の家族を引取りに行った。そして二十九日、それまでの「蹶起部隊」が叛乱軍となってから、香田、斎藤両家の確執は決定的になった。

どちらの父親も一徹な性格であった。夫人の父は、

「娘を叛乱軍のところへやっておけるか。すぐ引取る」

と言う。香田の父はこれを耳にして、

「なにを言うか。身内なら、たとえ一分の理しかなくても庇うのが本当じゃないか」

とカンカンであった。陸軍軍人の集落に生きている退役少佐にとって、叛乱、つまり天皇に弓を引くなどあり得べからざることである。我武者らに娘を引き離して、忌わしい事件との縁を断ち切ってしまおうとしたのだろうか。坂井直の実父の老少将も、二月二十七日に上京後、「倅に会ってその不心得を説いてやる。それでも聴かなければ斬って了う」と伝家の銘刀を小脇に、息子の姿を求めて馳けまわったと、当時の消息にある。軍人気質の一つの典型は、事件に直面してこういう反応を示したのである。

香田の父の方は、裕福な市井の住人として、軍人たちとは自ら異なった対応があった。周囲を顧慮して出所進退を迫られる雰囲気も薄い。夫人の実家が、別な表現で娘を連れ

戻そうと試みたら、香田の父親もあるいは話に乗ったのかも知れない。「叛乱軍」云々の言い方は、内輪の言葉としては命取りになった。両家のあるじはどうにも収拾のつかぬところまで感情をぶつけあってしまった。

叛乱軍人の妻の座から引き離すと言ってみても、結婚して足かけ六年、子供も二人ある。その事実は動かしようもない。同時に、夫の刑死がもはや避けがたくなりつつあるとき、年若い夫人の行末は、このままでよいのかという問題がある。香田の妻子の今後の身のふり方を、両方の親が真剣に親身に話し合うべきときに、卒直な対話を妨げる感情の暗流が表面化し、いっそう激しくなった。香田夫人の問題であるのに、彼女の存在など吹き飛んでしまった。

夫人の実家は、娘を引取りいずれ再婚させると主張し、香田家は息子の嫁、孫たちの母を手放すまいとする。

十九歳で花嫁となり、子供を産み、万事夫任せの結婚生活を暮してきて、頼みの夫は衛戍刑務所の中にいる。夫人は数え年二十五歳。実家と婚家の意志の板挟みになって、夫人には自分の選択がなかった。強風に吹き煽られるように、娘、妻、母の三角点を激しく往来して心の焦点が定まらない。子供を抱えた未亡人の立場に徹するか、母であることを捨てて新しい人生を生きるかと言われても、正直なところ、そのどちらをも選択しかねたことであろう。婚家と実家の反目は、決断出来ない女性に決断を迫る形になった。それでも、軍法会議が開かれ、差入れ、そして二児を連れての面会と、妻としての仕事がある間はまだ救いがあった。

野中大尉の自決後は、香田大尉が先任将校である。事件についての陸軍省発表は、官位の剝奪も、判決も処刑も、すべて「香田以下」云々と書かれた。その夫のもとへ、五歳と四歳の子供を連れての面会である。役割の内容がどんなに苛酷なものでも、定められた役割ならばきちんと果たせる。そういう香田夫人の動かぬ表情の下に、二つに割れそうな心があるとは、誰も気づかなかった。しかし、夫の香田大尉は別である。

香田大尉が処刑前日、子供たちに宛てた遺書がある。最後の面会のとき、看守の目を盗んで、ひそかに家族に手渡した告発の一書である。

蹶起の主意と、二十五日夜の歩一での諸準備から、二十九日午後六時頃代々木の陸軍刑務所に至るまでを簡潔に記した後に、事件の本質にふれている。

三、奉勅命令ハ誰モ受領シアラズ。

四、安藤大尉ハ維新ノ大詔ノ原案ヲ示サレタリ(村上大佐ヨリ)。

五、軍幕僚並ニ重臣ハ、吾人ノ純真、純忠ヲ蹂躙シテ権謀術策ヲ以テ逆賊トナセリ。

六、公判ハ全ク公正ナラズ、判決理由全ク矛盾シアリ。

七、父ハ無限ノ怨ヲ以テ死セリ。

八、父ハ死シテモ国家ニ逆臣アル間ハ成仏セズ、君国ノタメ霊魂トシテ活動シテ之ヲ取リ除クベシ。

昭和十一年七月十一日

父　香田清貞

清美殿

茂　殿

子供等ヨ、母上ノ言フ事ヲヨク聞キ、立派ナ人ニナッテ呉レ。父ハオ前等ノ父トシテ、決シテ恥カシクナイ父デアルゾ。母上ヲ大事ニ孝行ヲシテ呉レ

七月十一日、香田はハンカチの中央に南無妙法蓮華経と書いた左右へ、「与最愛之妻富美子」「全霊ヲ以テ愛セシ夫香田清貞」と書きわけ、「泣くな悩むな気に病むな　吾は御身と共に在り」と書いた。また翌十二日、処刑の前に「妻への遺詠」として

ますらおの猛き心も乱るなり
　いとしき妻の末を思へば
身はたとへ帰らぬ旅に上れ共
　心は常に汝が辺にあり
子供等は我が身の代り悲しくば
　子供を抱け我と思ひて

と詠んでいる。

しっくりゆかなかった家と家、家族関係。しこりを生じた責任の多くは、夫である自分が負うべきである。しかし、もはやどうするすべもない。その人間関係の中へ、妻と子を置去りにして逝くのである。世間知らずの妻の長所も欠点も、死んでゆく男の眼には鮮かに見えている。香田にはもはや、明日という日はない。妻の明日はどうなっているのだろうかと、夫は死に臨んで心乱れたのである。「天皇陛下万歳」と発唱し、「撃たれたら直ぐ陛下の御側に集まろう」と剛毅に刑場へ去った香田の胸中には、答えのない問いがしまわれたままであった。

青年将校たちが「蹶起」の決意を煮詰めて行く期間は、非常に短い。たとえやる気はあっても、具体的な日程が組まれるまでは、日常的な生活が繰返されてゆき、ある日を境いに実行行為への急転となる。事件直前に結婚した坂井直中尉の例なども、蹶起する日がこれほど近いとは思わなかった革新将校の心理をのぞかせている。村中孝次、野中大尉と並んで、事件当時三十四歳、この青年将校たちの最年長者であった香田大尉にも、慌しい蹶起への航跡がある。

香田には、気に入った品物をみるとすぐ月賦で買う癖があった。吉祥寺の家では机から風呂桶まで月賦買いで、「これでいいんだ。月賦の方が楽じゃ」と笑っていた。二月二十九日に叛乱軍と処断されると、陸軍は二月分の月給の一部の返納を要求する。突然無収入になって、月賦の支払いどころではない。香田の父が代払いすることになった。

子供を連れて香田家へ引取られている富美子夫人には、これも肩身の狭い材料であったと思われる。

　香田清貞に死刑が宣告されたあと、弟は父から、「もし厭でなかったら、陸士を受けないか」と言われる。面会室で弟から相談された香田は「俺は受けろとは言わん。いいとも悪いともどちらとも言わん。軍人自体、決していいことはないからな」と弟の眼をみつめていた。この兄弟は、兄の処刑の一年前、どちらか先に死んだら、残った方が家族の面倒をみようと約束していた。とりとめのないような軽い口約束が、事件によって現実問題になった偶然を弟は驚いて思い返したが、兄にとっては偶然や思いつきではない。処刑の一年前に、蹶起の覚悟で週番勤務についた兄である。万一のことを、心のどこかで思わなかったわけはあるまい。

　今、死を目前に、妻子を託そうとする弟へ、陸士入学の是否を答えなかった兄は、陸軍の将来と家族の未来を、どんな思いで見通していたのだろうか。

　妻との面会のあとで香田清貞は妻にあてて書いている。

「富美子泣クナ悩ムナ気ニ掛ケルナ　強ク雄々シク子供等ニ生キヨ　一念余ヲ思ハヾ即チ余ハ汝ノ心ノ中ニ厳然トシテ生キテアリ」

　七月九日の日付である。

　処刑当日、母に宛てて「子供までまうけし身にて母上に　甘え〳〵て甘え通せり」と書いた後、「父よりの最後の菓子だ　喰べよ子供等」と書く。一口食べて歯型の残った菓子は、処刑の二日後、看守らしき人によって秘かに憲兵の張込みのつづく香田家へ届けられた。

夫の処刑によって未亡人になるとすぐ、小柄な富美子夫人の体は周囲の感情の渦に捲込まれてしまった。香田の弟は嫂のために十九歳の青年らしい生活設計をたてていた。「今は金もあり生活出来るが、先のことを考えると、姉さんはどうしても仕事を持たなくちゃいけない」、教師になるか、洋裁学校を出て洋裁で身をたてるか、どちらにしても、学校を出られるだけの金を出してくれと、父に頼んだ。傍でこのやりとりを聞いている香田未亡人は、消極的であった。「わたし、それだけの頭がない」、自信がないと尻込みした。新しい生活への怖れが、必要な判断を下す勇気を潰してしまっていた。夫人は、香田家にとどまりたいとも、実家へ帰りたいとも、その意思をはっきりさせなかったという。当時護国佛心会といった遺族会は、処刑された青年将校の筆頭者の未亡人として富美子夫人を遇した。ささえをなくして動揺する夫人の心には、これもまた重荷となった。

夫人の実家は父の恩給で生活している。そこへ帰ってゆくのである。子供たちは香田の祖父母になついている。自分だけ身を引くという形が、追いつめられた夫人のようやく到達した結論となった。

嫁が実家へ帰ることに、香田の父は絶対反対であった。子供たちの母親として、香田大尉の未亡人として、婚家にとどまってつとめを果たしてもらいたいのが希望である。しかし自分の意思を定めかねたといわれる香田夫人が、婚家に居辛い心持をもっていたかも知れないことは、事件前の親子関係からも想像される。明日からの生活に気怯れや迷いがなかったならば、運命に従順なこの人は子供を捨ててまで実家へは帰らなかったはずである。しかし実家の親たちの言葉に従って旧姓に戻ろうとする嫁を香田の父は許さず、事態はすっかりこじれた。

護国佛心会の当時の代表者、栗原中尉の父親や、賢崇寺の藤田和尚が両家の仲立ちを申出て香田の父から絶交を言い渡されたばかりか、賢崇寺に祀った香田大尉の分骨まで一時引上げるような騒ぎになった。

亡兄にかわって義姉を助けようとする香田の弟が傍にいる間は、多少の心のささえがあったが、その弟が翌年の陸士受験の準備のため、争いの渦中から仙台の姉のもとへ去らされると、富美子夫人は一人ぼっちになった。香田家からの除籍も認められず、子供たちとの再会のあてもないまま、ずたずたに引裂かれた心で、夫人は実家へ帰った。傷心の若い女性へ、世間は容赦ない飛礫《つぶて》を投げつける。

「志士の妻たる者が、再婚などするな。子供を捨てるとは何事か。ただじゃ済まないぞ」

脅迫状が相ついだのである。

子供を捨てたくて捨てたのではない。捨てる意志もなかった。しかし、世間の眼にうつる香田未亡人は「悪い女」であり、子供たちはその犠牲になった哀れな存在となった。養子にして引取りたいという申し出に、香田家の人々は心を絞られる思いであった。

受身な人生しか知らない二十五歳の女性が、突然新しい道を行けと示されて、「自信がない」というのは正直な答である。蹶起した夫は、おそらく、妻になんの心準備も施してはゆかなかったのである。気性の勝った女性なら、周囲の対立で砕けてしまう前に、「私はこうする」と言ったかも知れないが、香田夫人にそれはなかった。実家に戻ってしばらくたってから、磯部夫人が保母の教育を受けているのを聞いて、夫人は昼間は幼稚園で働き、夜、保母の学校に学んだ。磯部夫人と机を並べた一時期もある。必要が消極的な女性にも進むべき道を指し示す一つの例がここにある。未知の世界に心臆して、最初に決断を回避した香田夫人も愚かといえば愚かだが、周囲があまりにも性急過ぎたのである。

細々ながら自活の道を得て、夫人は子供たちに逢いたくて婚家の近くまでは来るが、玄関から訪う勇気はない。電柱の影に佇んで、子供たちの姿をじっとみつめて、黙って帰って行った。怯えきった心を回復できないこの人に、再婚などは、夢の夢である。実家の姓に戻ってしまえばまだ気持の切換えが出来たかも知れないが、香田家から籍は抜けず、死ぬまで香田清貞の未亡人のままであった。

「家」が絶対の重みをもっていた旧民法の時代の話である。旧民法によれば、「夫が死亡したときはまだ嫁と夫の親族との姻族関係は消滅せず、ただ、その後になって嫁が実家へ復籍したり再婚したりするためにその『家』を去ったときに消滅するとしていた。しかもこの嫁の去家には、その婚家の戸主の同意を要した（民旧741）のであり、事実上嫁が再婚の機会を奪われる可能性が多かったのである」（『注釈民法』親族⑴）

七月五日の死刑判決のあとで、『報知新聞』は「何を語り何を想ふ？　事件をめぐる人々――〝謹慎〟の中にも涙！」と家族の声を報じている（七月七日）。香田の父卯七の談話の中には「何か静かに考へてゐる嫁の姿を見ると可哀さうにもなります」と嫁の心中を思いやる言葉もふくまれている。

香田家の人々によれば、父親は、「本人が生きてゆくために香田の籍が必要なら、そのままにしておいてやろう。除籍したければいつでも出来るように」と、捺印ずみの書類を渡してあったというのだが――。

香田家では次男の忠勝氏が昭和十二年に陸士へ進み、五十三期生として陸軍軍人の道を踏み出した。昭和十八年四月、この弟の結婚によって、小学校三年と五年の香田の遺児たちは、母代りの若い女性を身近にもつことになった。香田の父は死の病床にあり、祖母のそばにくっついて淋しそうな子供たちであったという。古いトンビを使って洋服を縫ってくれる叔母につきまとい、着せられた洋服を夏が来ても脱ぎたがらない子供たちであった。

十八年の七月に香田の父が亡くなると、一家は東京を引払って、郷里の佐賀へ引込んだ。一家をささえる次男の忠勝氏は、満州で軍務に服していた。戦争が激しくなり疎開が始まると、東京から小さい子供たちの姿が消える。幼稚園の保母の仕事はなくなった。この頃、富美子夫人は舅のいなくなった佐賀の香田家へ、「子供たちに会いたい」と手紙を書いた。子供たちの近くへ疎開して、そこで保母として働く夢を描いたのかも知れない。しかし、夫の母をはじめとする反対で会うことは許されず、送った学用品は、送り返されて来た。

保母を失職した夫人は、陸軍省に職場をみつけて空襲下の東京にとどまり、焼野原で敗戦を迎えた。夫人の父は敗戦前に亡くなり、戦後間もなく母も死ぬ。その頃、香田家を嗣いだ義弟が中国戦線から無事に復員して、大阪で就職したらしいという噂を耳にした。東京も大阪も、戦後の混乱の最中である。毎朝、ラジオの尋ね人の時間に、行方の知れない肉親や知人の消息を求める声が流れてゆく。しかし、ラジオでの呼びかけが届いても、香田家から香田富美子へ手がさしのべられるとは限らなかった。義弟の消息を辿ってじかに会うために、夫人は大阪へ行き、自動車会社の掃除婦になった。

事件のあとの寄辺ない日々、力になろうとしてくれた青年、二人の子供たちの親がわりになってくれているあの義弟だけが、子供たちとの絆を取戻す唯一つの頼みであった。大阪にいると聞いたけれど、大阪も広い。初めての街で働きながらの人探しは、義弟の消息も子供たちの消息もつかめぬまま、四年が過ぎた。

弟の忠勝氏の方は、北支で敗戦、武装解除となり、戦犯容疑で拘留の寸前、きわどい帰国をした。職のない復員軍人が巷に溢れていた。生きるためには、職業を選択しているゆとりなどはない。佐賀に母と兄の子供たちを残し、妻と子供を東京へ呼び寄せ、妻の実家に居候しながら、闇ブローカー、かつぎ屋、手あたり次第に働いた。最低線の生活の中から、佐賀への送金は途切らせられなかった。大阪で就職したという噂は、儲け口を耳にすれば、西も東もなく飛びまわっていたこの頃のことであろう。

大阪での香田夫人は、真面目な仕事ぶりと、その経歴が知られて、掃除婦から経理へ廻され、一応生活も安定していたのだが、昭和二十六年頃、義弟一家がやはり東京にいると知ると、その職場を捨てて、すぐ上京した。優柔不断な女性も、ここまで変ったのである。

再会は昭和二十七年、別れてから十六年たっていた。夫人はまだ数え年四十一歳。叔父夫婦に育てられた長女は二十一、長男は二十歳に成人していた。母親は、小学校へ上る以前のわが子の姿しか知らない。「お母さん」と飛びついてくる子供たちの夢を、何度繰返して見たことだろうか。長い間期待して待ち焦がれた再会である。しかし娘はしばらく沈黙したあとで「なんでお母さんは私たちを捨てたのですか」と一言言っただけであった。母親は、答えられなかった。

子供たちにとっても、寂しい十六年間であり、母を怨む日も、母を慕う日もあったはずである。老いさらばえた母親ならば、許されたかも知れない。地味づくりながら、母はいま女盛りであった。思わず激しい言葉を口走った娘の心も揺れていたのである。

夫人にはこの日、まだ年若い弟とばかり思っていた忠勝氏が、兄そっくりの三十男となり、妻帯しているということも驚きであった。子等の成人ぶりとともに、改めて過ぎ去った時間を測る面持であった。母子の再会はぎこちなく終ったが、忠勝氏は嫂に、「子供たちにも自由に会って、家へ出入りして下さい。だが一緒に暮すのはもう十年待ってほしい」と告げた。世田ヶ谷に洋裁用品の卸商を営む忠勝氏は、母と妻子と、兄の子等の生活を背負って、ようやく苦闘のトンネルを脱け出ようとしていたのである。

富美子夫人は、小平の職業訓練所にある売店で働いていた。日曜日には、遠慮がちに香田家へ遊びに来て、そのうちに時には泊ってゆくようになった。

子供たちに再会してからの十年間、夫人にはいささか人生の重さがこたえはじめたようである。会えさえすれば昔そうしたように腕をさしのべ胸に抱えこめるわが子を夢にみてきて、きびしい拒絶は予期しなかった。カトリックへの入信は、この頃のことである。

熱心に信仰して、「死んでもお骨の入るところがなかったけれど、これでキリストの墓に入れてもらえる」と喜んでいた。

昭和三十年に姉娘が結婚した。身内だけのつつましい結婚式の日、母親は職場を休んで手伝いに来て、いそいそと手料理作りを手伝っていた。月給を前借りして祝金を奮発したが、嫁いでゆく娘は母に抗い、喜びはしなかった。再会後三年たっても親子の仲はしっくりなじまない。話の果ては詰問になる。捨てる気で捨てた子なら、答えようもあるのだろうが、周囲の形勢に押し流されて、あとから見れば捨てた形が残った。弁解も出来ずに母親は涙をこぼしていた。娘は打ちとけぬまま嫁いで行った。

子供たちが親にまといつく時代はもう終った、乳臭い匂いで結ばれているような親子の関係は戻ってはこない——母親は現実の壁にぶつかって、傷ついて、そう得心した。しかしなにかに縋って生きたい人であった。はじめのうちは、恩返しのつもりで義弟の子供を可愛がっていたが、だんだん嘗めるような愛し方に変った。母親として認められなくても、母親らしく愛さずにはいられない女性であった。

息子の縁談が決ったとき、「ねえさん、一緒に住めるようになった」と忠勝氏が呼んでくれた。賢崇寺の藤田俊訓師が仲人の結婚式に母親として出席もする。昭和三十七年、再会からちょうど十年目であった。夫人には息子夫婦と水入らずの生活の希望があったかも知れないが、若夫婦は一戸を構えて独立した。三十年前の父も通った道である。

義弟夫婦の許へ身を寄せて、やっと人生の目的へ到達したような充足感と淋しさとを交互に味わっていた頃、不運な人には新しい不運が襲ってくる。癌の微細な細胞が増殖をはじめていたのである。

若い頃から倹約が身につき、食べ物もつめて暮してきている。派手にすれば人の目がうるさいと、目立たぬように目立たぬように生きてきたが、香田家へ来てから、皆にすすめられて髪も短くし、一人暮しのひどい偏食も治って、血色もよくなり、もともと美人だった人がずっと若返った。義弟夫婦に再婚をすすめられると、恥かしそうに笑って首を振っていた。

掃除婦として働いていた大阪時代のこと、亡き香田大尉に面差しのよく似た男性に恋をしたことがある。しばらくつきあううちに、亡夫のイメージとの距離が大きくなり、幻滅した。それからずっと一人だったと、ふっと義妹の澄子さんに語ったことがあるという。

佐賀へ嫁いだ娘から、「自分が子供をもってみて、はじめてお母さんの気持がわかりました。今までのことを堪忍して下さい」という優しい手紙が届いた頃、富美子夫人は胃の不調に悩んでいた。それから間もなくの昭和四十二年九月、病院から内々の電話を澄子夫人が受ける。本人には言えない診断である。病名は胃癌。十二月までもつかどうか、手術しても長くて半年と言われた。

楽しみにしていた女同士の旅も、伊豆へ一周旅行をただ一度しただけであった。忠勝氏と澄子夫人は、嫂の残りの時間のためになんでもしようとした。デパートで服を買いたいと言えば、ついて行って見立てた。もう一枚ほしいと言われてまたついてゆく。死んだ兄の身替りのように頼られるままにした。その服も、一回着ただろうか。

十一月末に手術を受け、正月は家へ帰った。留守中に用意してあった新しい寝台にそっと体を弾ませ、「元気になってよかった」と喜んでいた。「一生懸命働いたからもう思いのこすこともないけれど」と冗談を言ったりした。娘に許されて心残りがすっかり晴れたとも語った。義弟夫婦と一緒に暮した五年、それまで熱心な信者だった人の足が、教会から遠のきがちになっていた。

二月、手術後の小康状態が終った。胃は再び食物を受けつけなくなった。再入院するとき、本人も癌ではないかと疑っていたかも知れないが、家族にも医師にもなにも訊かない。昔と同じに口数の少い人であった。

四月に入ると日に日に衰弱がひどくなった。癌の末期の疼痛がこないだけ、病人は楽であったかも知れないが、労働した手足から肉がすっかり逃げてゆくのを、本人が一番よく知っていたはずである。見舞いにゆくと、ときどきとりとめない昔話をした。怨みに思う人もあるだろうに、苦労した話はひと言もしなかった。

四月十一日、死の色が濃くなった。病室へ神父が招かれ終油の儀式を行なった。この病いの篤きことを語ったとき、癌であることを悟ったかも知れない。けれども、苦痛も愚痴もついになにひとつ訴えようとはしなかった。眠っているか、醒めれば窓の外の四月の空をじっとみつめていた。

意識のある最後の面会のとき、富美子夫人は義妹の手をしっかり握った。この義妹が若くて嫁いだ日から二人の子の母代りをしてくれたのである。なにか言いたそうにしたが、香田富美子は閉じた両眼から涙を溢れさせただけであった。

香田未亡人の告別ミサで、義弟の忠勝氏は一人の女の一生を泣きながら物語った。安息と憩いがあったのはわずか五年。置きざりにした娘に許されてやっと一年しかなかった。死んで行った義姉は、自分の立場を正当化する言葉をついにもたなかった。

つまずき惑いつつ人生をひたむきに生きた義姉を追悼する涙の中で、香田忠勝氏は、兄亡きあと責任を果たしてきた己が青春を思い、愛惜もし悼みもしたであろう。〝奔騰〟した男の後に残された家族の、傷だらけの人生模様を想い泛べたことであろう。

昭和四十五年の暮、老衰で長く病床にあった香田兄弟の母が亡くなった。八十六歳であった。

その遺骨を納めるため、佐賀にある香田家の墓を展いた。香田清貞、父卯七、香田富美子、そしてそこへ母つや子が仲間入りする。

「生前諍《いさか》いもし憎みあいもした人々は、仲好く一つ墓所に眠っていました」と賢崇寺二十二士の墓前での忠勝氏の言であった。香田富美子が亡くなり、香田家の墓所へ納骨されたとき、あの人をよく墓へ入れるという声も聞かれたのである。

香田富美子がもし責められるとしたら、それは、子供を置いて婚家を去ったことではない。過去を振り向いたロトの妻は、塩の柱になったという。現実の女は塩の柱になりはしないが、過去にとらわれる心は自由な柔軟さをうしなう。自分で自分の未来や可能性を摘みとって、不毛の人生を招く。ロトの妻の寓意はここにある。香田夫人はむしろ、母としての枷を捨てるべきであったのである。

西田はつ 聴き書き

北先生と西田の関係、二・二六事件とのつながりにつきましては、巷間様々な説がございますが、北先生自ら次のように語っていらっしゃいます。

「西田税とは大正十一年頃が初めての面識でして、同十四年、西田が軍隊を退いて東京へ帰つてから始めて子弟の様な関係でありましたが、同十五年、日本改造法案大綱を西田に与へて、西田の自由に一任する事に致しましてから、最も深い関係となり、爾来十年程の間は、生活費等も私から出て居るのが大部分と思ひます。

西田は改造法案を以て主として軍部方面其他に啓蒙運動を為し、私は西田から報告を受け、又は西田に紹介されて、時々色々な人に会つて居りました。

其後所謂五・一五事件で西田が一命を拾ひましてからは、両者の間全く親子の様な心持で居つたのであります」（昭和十一年三月二十日、警視庁での「北一輝聴取書」）

「私は西田が事前に私に話した内容又は其語気態度等を見まして西田は時機に非ずと考

え居ると同時に自分の意見を兎や角言うよりも同志の将校等に一切従って行こうと言う決心の様に見えました。

初め五・一五事件の起きる一ヶ月半程前に私は或る予感で西田が危険な渦中に在ると言う事を感じまして西田を呼び『君は何をして居るのか知らないが今やっている事から身を引いたらよかろう』と堅く戒めた事があります。

夫れが五・一五事件となって現われた時他の反対勢力の西田を邪魔に考えている小さき私心と相俟って西田を狙撃し何年間に亙って西田を裏切者宣伝をしたのであります、西田としましては私の手当によって一命を助かったと言う深い感謝が有る、一面に年少気鋭の性格から此の侮辱に堪えられん風でありました。

今回の時も既に私が西田に前回の如く圏外にある様にと勧告した所で西田は其の勧告に従う心持も見えません、今回こそは同志と共に生死を共にしようと堅い決心が言外に認められて居りました。

従て私は西田にも関係将校にも中止方を勧告しませんでした。只遺憾の点は最近一、二年間の西田は私の指導下にある事を満足しないで凡て独裁的でありました。

西田から見ますれば私は二十年近くも年上の老骨でありますし又日常生活が信仰ばかりでありますから悪意ではありませんが実際問題を余り話した処で益する処がないと言う様に考えて居ったかも知れませせぬ」（昭和十一年三月二十七日北一輝の憲兵聴取書。大谷

敬二郎『昭和憲兵史』所収）

西田自身の意見は次のように語られ記録されております。

「私ハ私ノ御維新実現ニ対スル方針ト社会状勢ニ対スル観察ノ上カラ今ノ時ニアノ立場ノ人達ガ今回ノ如キ事件ヲ計画実行スル事ニツイテハ、実ハ同意シ兼ネルモノデアリマス（中略）只事件関係者トノ関係等ニ依ツテ、遂ニ消極的ナガラ或程度ノ関係ヲ持ツタ訳デアリマス」

「私トシテハ従来ノ関係上及特ニ世間一般ハ私ト此人達トノ関係ヲ、一ツデアル様ニ見、寧ロ、私ガ主体デ、此人達ガ其指導下ニアル様ニ断定的ニ見テ居リマスカラ、例ヘバ私ガ、無関係デアツテモ、事ガ起レバ殆ンド同時ニ私ノ自由ハ拘束サレルモノト考ヘネバナリマセン」

「……或ル一党、一派的ナ力ニ依テ一挙ニ革新ヲ敢行スルト云フ様ナ事ハ、上御一人ノ大命デアレバ別デスガ、吾々臣下トシテ考ヘラレル事デハナイト思ツテ居リマス」（昭和十一年三月十日、「西田税《みつぎ》聴取書」）

わたくしはあの事件の起きますことを、二月二十三日に知ったのでございます。西田の留守に磯部さんが見えまして、

「奥さん、いよいよ二十六日にやります。西田さんが反対なさったらお命を頂戴しても

やるつもりです。とめないで下さい」

とおっしゃったのです。

　その夜、西田が帰って参りましてから磯部さんの伝言をつたえました。「あなたの立場はどうなのですか」「今まではとめてきたけれど、今度はとめられない。黙認する」西田はかつて見ないきびしい表情をしておりました。言葉が途切れて音の絶えた部屋で夫とふたり、緊張して、じんじん耳鳴りの聞えてくるようなひとときでございました。

　容易ならない企てでございます。

　わたくしどもは、子供もなく、どんな事態が起こりましても、自分ひとりの責任で生きて参ればよろしいのでございますが、結婚後年経ぬ若い奥様たちや小さいお子たち、親御さんたち、事件のあとの家族の境遇をあれこれ想像いたしますと、ひとりの女として胸苦しさに耐えられないほどでございました。

　それから二十六日まで、苦しい辛い迷いに悩み抜きました。

　露顕して未遂に終ってくれればいい。

　あれだけ思いつめているのだから、成功させてあげたい。

　わたくしが然るべき筋へ密告しなくてはいけないのじゃないだろうか。

　この三つの考えの堂々めぐりで、死ぬような思いをいたしました。

　主人は二十六日にいよいよ事件の起きたことを知りまして、様子を見るためと身を隠す必要から家を出ました。それきり帰っては参らなかったのです。

わたくしなどはあの事件で残された未亡人の中では年もいっている方でございますし、ああいう運動に一生を捧げている男の妻として、それなりに心の準備もなければならなかったのでしょうけれど……。事件が起きましたとき主人は三十六歳、私は三十一でございました。

西田の古女房のように若い皆さんは思っていらしたかも知れませんが、結婚生活は十年とちょっとなのでございます。

一緒になりましたのは、大正十五年でございますが、ずいぶん古い話でございますね。ある資料に、渋川善助さんが「命を捨てて革命に当る者が妻帯するとは何事だ」と言って、西田をなじったという話が書かれております。(『現代史資料・国家主義運動1』所収「右翼思想犯罪事件の綜合的研究」)

このことはわたくしはこの本をみるまでは存じませんでしたが、結婚早々のことだったのでございましょう。

渋川さんの詰問に、西田はどんな答えをいたしましたのでしょうか。革命運動を志す者は、たしかに結婚などしない方がよろしいのじゃないかと思います。その渋川さんも結婚なさいましたし、二・二六事件の若い青年たちは、何故あれほど急いで結婚なさったのでしょうか。

結婚いたしました頃は、西田は肋膜炎で陸軍は予備役になっておりまして、北先生の『日本改造法案大綱』の普及と国内改造のための運動に専念しておりました。押入れにはぎっちり『日本改造法案大綱』の印刷物がしまわれて、次々の文書印刷を手伝うのがわたくしの日課になりました。

朴烈と金子文子の極秘写真が配られまして、民政党の若槻内閣の政治責任が問われたという事件がございます。この二人は今の天皇陛下の御成婚式に爆弾を投げつける計画を企んだということで、当時は大逆罪。一度死刑の判決がおり、のちに恩赦が出て無期になったのですが、重罪の嫌疑をかけられた犯人でした。この恋人たちを予審の取調べのときに秘かに会わせて、検事が後日の資料に写真をとったのでございます。獄衣と申しましても和服に藁草履をはいた姿で、朴烈の膝の上に文子が腰をかけたような形にもたれあった、ずいぶん大胆な写真でした。

極秘にもちこまれました写真の複写をいたしますため、明るい電灯をつけまして、締めきった部屋の暑さと電気の熱の下で、したたり落ちるような汗になりました。蚊が畳の上へポトポト落ちてきたのを覚えております。新聞がとりあげ、反対党は絶好の政府攻撃材料というわけで大騒ぎになりましたのが、大正十五年の夏のことでございます。

結婚してほどなく、西田は宮内省怪文書事件で未決へ送られました。次々に事件との縁の切れない人であったと思います。わたくしは書生と二人、収入といっても何のあてもございませんで、麦の粥を啜ってしのいでおりました。獄から帰って参りました主人は、わたくしが留守の間に家を出てしまうだろうと思っていたと申しました。若かったのと、世間を知らない向うみずなところとがあったためにひどく辛いとも惨めとも思わずにすんだのでしょうか。

その頃、なにか国家改造につながることをしなくては生きている意味がない、主人はそんな執念にとり憑かれていたようです。数えの二十六といえばまだ青年の若さでございます。やがて西田の心が、燃えさかるような炎からじっくり志を育て実らせる地熱へ変って参りましたあとへ、青年時代の西田そのままの磯部さんたちが登場し、代って座を占めたという実感を、すぐ傍に居りましたわたくしはもっております。

新婚時代、怪文書と呼ばれるほとんどのものを、千駄ヶ谷のわたくしどもの家で印刷いたしております。浪人中の西田は、竜落子《りゅうらくし》、たつのおとしごというペンネームで、次々に原稿を書いておりました。西田のそばで鉛筆を忙しく削りました。時には、左手の爪を切らせながら原稿を書いていたこともございます。青年時代には自叙伝など、かなり沢山文章を書いておりますが、わたくしと一緒になりましてからは、檄文のたぐいがほとんどでございます。

運動費や生活費は、北先生が蒐められた中から出ております。はじめは麦粥も啜りましたが、収入のあてのない、明日どうなるやら知れない生活と知りましてから、わたくしはゆとりがあるときには、思いっきり着物をこしらえました。

他に質草になるようなものはございませんから、この着物が、金子《きんす》入用のときには質草になりました。季節の変り目には質屋を呼びましてごっそりもってゆかせる、そんな暮し向きでございました。西田は自分の知らない着物が積まれているところへぶつかったりいたしますと、女の大胆さにびっくりしているようでした。

本人も大体がお洒落な人で、和服を好んで着ました。若い頃はオールバックの髪型にしておりまして「バレンチノに似ているといわれたぞ」と外から帰って申したこともあり、「大変なバレンチノですね」と笑った思い出がございます。

波のある不安定な生活でしたが、西田は年末がきますと、自分の母だけでなくわたくしの身寄りにも黙って送金するというふうなところのある人でした。

五・一五事件の日は、よく晴れた日曜日でございました。この日は、青年将校の大蔵栄一さんが遊びにみえていましたが、あいにく夫婦喧嘩のあとだったものですから、二人ともプンプンしていたのでございましょう。大蔵さんはお夕飯の時分どきなのに、「こんな犬も喰わない空気で御飯なんか御馳走になれない」

そう言って帰ってしまわれたのです。

川崎（長光）は、外で客の帰るのを見張っていたのですね。大蔵さんが帰るとすぐ主人に会いたいと訪ねて参りました。七時頃のことです。わたくしは初対面でございます。

西田は来客の多い人でしたから、二階の座敷へ通しました。二階で主人と川崎が話をしている、わたくしは階下で食事をしておりましたら「ドタン」と二階で大変な音がしました。瞬間、地震かと思うほどの烈しい音でした。

紫檀のテーブルを挟んで対談中、川崎が突然拳銃を出す。西田が防壁にしようとテーブルをひっくり返す。川崎が後退りながら拳銃を射つ。西田は右手で心臓をかばおうと押えたのですね。それで右肩、右腕、腹部と右半身に五発の弾丸を受けながら、川崎を追ってドドドと階段をなだれおりる。川崎は玄関から逃げました。

「つかまえろ」

と強く申しますので、一度は玄関から植込みの先まで走って出ましたが、男の足ですから追いつけやしません。全身血まみれの主人が心配で、追うのはやめて引返して参りました。

あいにく日曜日のため、どこへ電話をかけましてもお医者さまが留守なのです。やっとお爺さんの医師が来てはくれましたが、傷をみまして「警察の許可がなくては手当は出来ない」と、どんどん出血している怪我人をそのまま、帰ってしまいましたのです。

北先生が手配して下さって、救急車でやっとお茶の水の順天堂へ入院しましたが、射たれて二時間も経っておりました。右肩に一発、腹部に一発盲管している弾を取出さなければいけないのですが、時間はたっている、出血もひどい、陸士在校中と任官後にひどい肋膜をやっておりまして、あまり丈夫な人ではございません。手術中いのちがもつかどうか保証出来ないというのです。

北先生が「それでもいい」とおっしゃって下さって、それで手術を受けることが出来ました。

輸血は手術中に三回、血液型はO型でした。ようやく下腹部に止まっていた弾丸を取出せましたが、腸は五、六ヵ所穴が明き、一寸三分程切除してつなぎました。

川崎は六発射ち、一発は外れ、五発当ったうちの二発が体内に残っておりましたが、腹部の手術しか出来ず、肩の弾は改めて摘出手術を受けております。

手術後一時危篤に陥りました西田が命を拾いましたのは、奇蹟的であると言われました。あの日、昼食をとっておりませんで、夕食前に川崎に会っております。そのため腸が破れてもほとんど内容がなく、それで腹膜炎を起こさずに済んだのだそうでございます。

北先生がずっと付添って下さいました。事件を知って夜のうちに病院へ駆けつけた村中孝次、渋川善助、山口一太郎、安藤輝三、栗原安秀、菅波三郎、大蔵栄一など、皇道派青年将校とみられていた方たちは、お顔馴染みの方ばかりでございます。そのほとんどが、二・二六事件で銃殺され、禁錮刑に処されて陸軍を逐われることになりました。

西田が狙われましたのは、事情に通じていながら参画しない情を憎まれたのか、陸軍側の行動を押えた張本人と思われたせいなのか、いろいろ言われますが、本当のところははっきりいたしません。犬養首相や、牧野内大臣と並んでの斬奸目標にあげられたのでした。

西田は一週間目にはベッドの上に坐って、新聞を読むようになりました。療養のために退院してすぐ夫婦で湯河原へ参りましたが、水の美しい渓流の岩の上で撮った写真がございます。まだ髪は長くしたままですが、軍人さんの坊主頭にまじると目立つからと言って、後には坊主にいたしました。

湯河原の宿で、「政治運動を捨てられない人生ならば別れてほしい」、そうわたくしが申しましたとき、西田はハラハラと落涙いたしました。五・一五事件の後には、西田は青年時代の向うみずな血気は沈潜したようですが、青年将校運動との縁は切れず、わたくしはそういう西田の将来に不吉な予感を覚えながら別れられなかったのでございます。この世で夫婦の縁がこんなに短いと知っておりましたら、別れ話などどうして持出しましたでしょうか。あの日の西田の涙を思いますと、心残りな気持がいたしまして、つい涙ぐむこともございます。

あれはいつのことだったでしょうか。二人で新宿をそぞろ歩きいたしました宵、大道の易者にみてもらいまして、西田は「畳の上では死ねない」と言われました。子供の頃、三十七までに大病か大事件が起きて長生きは出来ない、三十七歳を無事過ぎたら長命であると言われましたそうで、西田は「三十七歳」を大変気にしておりました。五・一五事件のとき三十二歳、そして三十七歳で銃殺になりました。

北先生をわたくしどもは魔王とかげで呼んでおりました。小柄な穏やかな方ですが、対座しておりますと圧倒されそうな迫力をもった方です。奥様のことを「おっかちゃん」と呼ばれました。五・一五事件のあと、毎年、北夫人、薩摩雄次夫人、わたくしの三人を慰労してやるとおっしゃって自家用車で旅行に出して下さいました。伊香保などへよく参りましたが、運転手つきのフィアットでした。

息子の大輝さんは御養子ですが、中国人でありながら日本人として成人し、日本人として敗戦直後に中国本土で亡くなりました。

相沢さんが永田軍務局長を殺害する前夜、台湾へ転任の挨拶にみえまして私宅に泊っておられます。八月のことで蒸暑い夜でした。わたくしは軍刀を抜いてじっと凝視している相沢さんの姿を見るともなく見てしまいました。「なにかある」、そう感じまして主人に申しました。事件の朝、何人かの方へ電話をしていらっしゃるのが、どうも別れを告げているように感じられました。真崎教育総監更迭問題で陸軍の内も外も沸き返る騒ぎでございましたし、相沢中佐の御決意はうすうす予測できました。

相沢公判の準備が始まりましてから、陸軍内部の問題であり、軍法会議ですから、民間人が介入いたしますのはかえって相沢さんの立場を悪くすると申しまして、主人は表立ってはなにもいたさなかったと思います。村中さんや渋川さんたちの相談には乗っていたようでございますが――。

北先生と西田は、二・二六事件の首魁として死刑になりましたが、事件の現場へ一歩も近づいておりませんし、事前の計画にも参画はいたしておりません。五・一五事件の西田は、実力行動に反対したため、裏切り者扱いをされ、銃弾を浴びて瀕死の重傷を負いました。二・二六事件のときはもし西田が反対すれば西田の命を奪ってもやるのだと、磯部さんだけではなく大人しい安藤大尉までも申されたとか。戦後になって裁判資料で知ったことでございます。

西田が僚友とも教え子とも思っておりました青年将校たちが、こぞって蹶起を決意したあとで、西田としては「万事休す」の心境であったのでございましょう。北先生も西田も、事件への直接の参画・行動の点では死刑を科しようがなく、大正年間から昭和へかけて、国内革新を標榜して青年将校たちと交流をもった、その「実績」に強引に罪状をなすりつけられたのだと思っております。

けれども、あの軍法会議で大勢の青年が銃殺されていったあとで、西田はもはや生きるべき生命ではないと諦観したようでございます。

かの子等はあをぐもの涯にゆきにけり
　涯なるくにを日ねもす思ふ

と詠っております。

時間の順序というものは、あとから回顧しますとなにか因縁めいたものが感じられます。五・一五事件で主人が射たれたとき着ておりました着物は、証拠品として裁判所の方で保管したままでした。それが、昭和十一年の二月十日、西田の手許へ返されて参ったのです。東京控訴院から呼出されまして、弾痕の穴があき、一面の血が黝くこわばって変色した衣類を西田が受取って参りました。このセルの着物は、戻ってすぐ庭で焼きまして、いやなにおいが記憶に残っております。焼却までのわずかな時間に磯部さんの目に触れたのでございます。

磯部さんが訪ねてみえたのは翌十一日のお昼頃でございます。衣類を拡げてみながら、「血が帰ると言う事は縁起が良い事だ。今年は運が良いだろう」という磯部さんの言葉に、西田は「はてな」と思ったそうでございます。十一年春に東京の第一師団が渡満するので、その前に事を挙げる必要があるといった話合いは前年の暮から進んでいたそうでございますね。西田がその相談にあずかっていたのでしたら、磯部さんの言葉の裏を主人は聞き逃しはしなかったと思います。警視庁へ身柄を拘束されましてから、「元来磯部は熱情の人なので大したこともあるまいと考えた」と西田は述べております。これは真実であったと思います。

「愈々決行」と西田が打明けられたのは二月の十八日か九日、とめるにとめられず、西田に非常な苦慮の色があったことは磯部さんの「行動記」にある通りで、主人は変革の前途を楽観できず、もし失敗して有為な同志をむざむざ失うようなことになったら取返しがつかないと考え、率直な判断としては事を起こすのは反対でございました。それでも引止められない運命の流れのようなものが西田を取巻き、青年将校たちの心をさらって巨きな渦となり、一気に流れ去ったのではないでしょうか。

この頃の東京は大雪の降ることは滅多にございませんが、雪の降る日、雪の舞い訪れる囁きや、積って冷い大気の中で凝縮するきしめきを聞いておりますと、あの雪の日、西田が最後に家を出て行くとき振返った表情や、雪の積った植込みを曲った後姿がどうしても浮かび上って参ります。

二月二十六日からの推移、すべてがうまく行っているかの情報がわたくしの耳にも届きます。信じられなくて、身を抓《つね》るような気持でございました。

西田は有利な収拾へ事を運ぶのが自分の役割と考え、北夫人におりた霊告を青年将校たちへ電話で伝え、軍長老へ斡旋の依頼を試みたようでございます。この電話が憲兵隊によってすべて盗聴されていたのでした。実力行使の成果を実らせ刈取るために、北先生も西田も、相談に乗り、意見を伝えました。それが死刑に該当するかどうかは別のことで、事件と全く無関係とは申せません。

二月二十八日の早朝、特高がやって参りました。

「西田はいるか。家宅捜索する」

「ちょっと待って下さい」

わたくしは泊りこんでいた渋川さんを呼びました。「家宅捜索などすると住居不法侵入になるぞ」と渋川さんは特高を追い返し、首相官邸へ連絡の電話をかけていましたが、埒があかなかったのでしょう。「奥さん、警察がこんなことを言ってくるというのはどうも形勢がおかしい。様子を見てきます」と言って三宅坂へ向いました。渋川さんは初めて事件の渦中へ去ったのです。

北先生は御自宅から一歩も動かれぬまま、二十八日夜憲兵隊に拘引されました。西田は失踪しておりましたが、三月四日に検挙されました。

その後、青年将校たちと民間の渋川さん、水上さんの判決や処刑が新聞に伝えられましてからも、北先生と西田の様子は何も伝わって参りませんでした。特別に家庭の相談事でもあれば面会は許されるということでございましたが、春が過ぎ、夏を送り、秋の気配が濃くなりましてからも、わたくしどもは面会は出来ずにいたのでございます。

昭和十一年の十月二十二日、死刑の求刑があったことを新聞社から知らされました。自分で確かめなくては信じられませんで、衛戍刑務所へはじめて面会の許可を求めました。

事件に触れないようにという条件つきの面会でございます。「死刑の求刑がおりましたそうですね」と主人に申しましたら、傍の看守が「それは」と制止しようといたします。「いえ、噂でございますから」と申しましたらそれ以上とめようとはいたしませんでした。西田は「火のないところに煙はたたないと言うからな。二人ともな」と申しました。

求刑後、はじめて西田に差入れが出来るようになりました。差入れの食べものはわたくしがその日も宇田川町を訪ねた証しでございます。面会には滅多に参りませんでしたが、差入れは一日も欠かしませんでした。大輝さんと北家の使用人とわたくしの三人で運びます。季節の花を添えたり、よもぎを摘んで草餅をつくったり、食べものが心を通わせる手だてでございました。

主人や北先生の裁判の前途がほとんど絶望的になりました十二年の五月、五・一五事件の際縫い合わせた腸の傷痕が悪化いたしまして、西田は急性腹膜炎を起こしました。腸の傷はなかなか厄介なものらしゅうございます。腸の縫合部分から滲出した食物でちょうど豆腐のような環がとりまき、それが腹膜炎を誘発したそうでございます。衛戍病院で開腹手術を受けましたが、拘禁生活一年余り、体力は衰えており病状も悪く、生命に危険があったからでしょうか、手術の立会人として十日程夫の傍に付添うことが出来ました。

西田と夫婦になりましてから、あれほど心と心が通い合ったことはございません。一言一言の会話にしみじみとした思い、いとおしみといたわりが滲んで居りました。あの負傷が原因で、夫婦としての最後の頁を心をこめて綴り合えたのでございます。あの狙撃事件で西田はひくにひけない境地に立たされ、その結果二・二六の青年将校との紐帯を問われたのですが、その傷痕の後遺症によって本来許されない時間にめぐりあうことになったのでした。人間の運命はわからないものだと思います。

手術は病室で行なわれました。看守が立会っておりました。体力が衰えておりますので、ちまして顔の両側においた西田の手を握っておりました。わたくしは寝台の枕許にたちまして顔の両側においた西田の手を握っておりました。

手術は病室で行なわれました。看守が立会っております。わたくしは寝台の枕許にたちまして顔の両側においた西田の手を握っておりました。体力が衰えておりますので、ほとんど麻酔剤は使えなかったようでございます。西田は痛みをこらえるために、わたくしの手を強く強く握りました。両手が痺れて感じなくなる程の力でございます。立会いの看守が一人卒倒するような手術でございました。

手術が終って抜糸が済めば、主人はまた衛戍監獄の塀の向うへ帰されます。好きな食物を運んで一日中つきそって、束の間の安らぎ、なんと時間は早く過ぎて行くものだったでしょうか。看守もいる静かな病室で、西田は優しい表情を見せておりました。

わたくしどもの結婚は、最初西田の親の反対で入籍出来ず、忙しさに紛れてそのままになっておりました。西田に死刑の求刑のありました直後に入籍いたしました。

西田は政治運動に心を奪われていた他は、酒を飲んで乱れることもなく、外泊もせず、申分ない夫でした。若い人たちを連れて神楽坂など色町へ参りましたが、青年将校のある方が「奥さん、西田さんはひどい人ですよ。それぞれ部屋へひきとったところへ襖をあけて〝失礼する〟と言って帰ってゆくのですからねえ」と口を尖らしていたことを思い出します。

死刑の判決は昭和十二年八月十四日、十九日には執行でした。判決のあとは毎日面会に参りました。

十八日に面会に参りましたとき、

「今朝は風呂にも入り、爪も切り頭も刈って、綺麗な体と綺麗な心で明日の朝を待っている」

と主人に言われ、翌日処刑と知りました。

「男としてやりたいことをやって来たから、思い残すことはないが、お前には申訳ない」

そう西田は申しました。夫が明日は死んでしまう、殺されると予知するくらい、残酷なことがあるでしょうか。風雲児と言われ、革命ブローカーと言われ、毀誉褒貶《きよほうへん》の人生を生きた西田ですが、最後の握手をした手は、長い拘禁生活の間にすっかり柔くなっておりました。

「これからどんなに辛いことがあっても、決してあなたを怨みません」

「そうか。ありがとう。心おきなく死ねるよ」

白いちぢみの着物を着て、うちわを手にして面会室のドアの向うへ去るとき「さようなら」と立ちどまった西田の姿が、今も眼の底に焼きついて離れません。

北夫人に明日執行されるらしいことを報告しまして、二人の遺体を迎える準備をいたしました。新聞社から電話で「明朝五時半に処刑」と知らせてきたのは、全くむごいと思いました。

「今夜は眠らずにいましょう」と北家の広い応接間に香を焚き、北夫人と二人、刻々を過しました。八月十九日の早朝、二千坪はある庭の松の木に、みたこともない鳥がいっぱい群がって異様な雰囲気でございました。

西田の遺体は白い着物姿で、顔に一筋の血が流れておりました。拭おうと思うのですが、女の体はけがれているように気臆れして、とうとう手を触れられませんでした。気持が死者との因縁にとらえられているためでしょうか。刑務所から火葬場へ向うとき、秋でもないのに一枚の木の葉が喪服の肩へ落ちたのを、西田がさしのべた手のように感じました。

北夫人とは百ヵ日御一緒に暮し、わたくしは赤坂の禅寺へ西田の遺骨をもって身を寄せました。

北先生が捕えられましてから、北夫人へ霊告はおりなくなりました。この霊告がおりているときも、言葉に直せるのは北先生だけで、北先生が西田に口述して記録をさせたものでございます。朝早く、まだ寝んでおりますときに北家から電話があり「いま霊告がおりたから」と招かれて、西田は時には出渋っておりました。その北夫人も、戦後亡くなられました。

夫を喪いましてから、人混みの中を歩いておりますときなど、大勢日本人が歩いているけれど、夫を銃殺された妻など一人もいるまいと思いますと、歩きながら後から後から涙が伝い落ちたものでございます。暗黒裁判でしたし銃殺刑になったことで悲壮感がございました。でも、あの事件は随分ひどかったようですね。渡辺教育総監のなくなり方など、ひどいものだったそうじゃございませんか。

戦争が終りましてからは、戦犯で夫を銃殺された未亡人という立場もございますわけで、人ごみの中にいて、自分一人の非運を思って泣くようなことはなくなりましたが――。

生活は戦争中の方が楽でございました。同情的な方たちからいろいろ庇護をいただき、大事にされたと思います。勤めにも出ましたし、空襲下を逃げまわった経験もございますが、若い間に苦労させられなかったことが、今ではかえって怨めしい気がいたします。だんだん年をとりまして、女一人のこれからの生活を思いますと、苦労はこれからと吐息が出ます。

仲のいい御夫婦をみると癪にさわると申された未亡人もありますが、わたくしは、いつまでもお揃いで長生きしてほしいと羨しく眺めております。再婚話がなかったわけではございませんが、西田の死んだときのことを考えますと、とても踏切れませんでした。

処刑を前に西田から送られた手紙がございます。

小生今日の事只これ時運なり人縁なり天命なり。何をか言はむや。万々御諒解賜度候。

人生夫妻となること宿世の深縁とは申せ、十有二年、万死愁酸の間に真に好個の半身として信頼の力たり愛恋の光たり給ひしことは誠に小生至極の法悦に候、然して死別は人間の常業と雖も今日のこと何ばう悲しく候ぞ。殊に頼りなき身を残らる丶御心中思ひやり候。申訳無之候

只いよ〳〵心を澄して人生を悟りつ丶静かにゆたかにそして自主的につ丶ましくお丶しく少しづ丶にても幸福への路をえらみ歩みて余生を御暮しなされ度候　然れば如何ならむ業なりとも可と存候ものを御信仰なされ度又幾重にも御自愛なされ平生病などに心身を痛むることなきやう申進じ候

親族主なる友人等はよく消息して不慮の間違等なきやう存上候

小生はこれより永遠不朽の生命として御身をお守り申すべく将来御身が現世を終へて御出での時を御待ち申候

感慨雲の如し十二年而して三十六年　恍として夢に似たり　万々到底筆舌に堪え

ず候　泣血々々

税

昭和十二年八月十六日

初子殿

幾つになりましても、独り暮しは寂しゅうございます。この三十余年、さまざまに人の心の揺れ動き、万華鏡のように捉え難く、美しい言葉にも金銭が絡めばああこの人までと、醜い幻化の姿もしたたかに見せられました。亡くなった西田は、心変りのしようもございません。現世を終えてわたくしがあの人の許へ赴くのを待ってくれるという、この頃は待たれる身の倖せを心静かに思う日も多くなりました。

八月十七日、処刑の前々日に「残れる紙片に書きつけ贈る」と書かれた遺詠に、

限りある命たむけて人と世の
　幸を祈らむ吾がこゝろかも
君と吾と身は二つなりしかれども
　魂は一つのものにぞありける
吾妹子よ涙払ひてゆけよかし
　君が心に吾はすむものを

とございます。

一緒に起き伏しした時間の三倍も一人で生きて参りましたのに、西田の姿は今日まで

とうとう薄くはなりませんでした。あの処刑前日の面会で、西田は「さよなら」と言いながら、別れられないいのちをわたくしに託したのでございましょうか。

戦後、保険の外交もいたしましたし、盆景の出稽古もやってみましたが、だんだん出るのが億劫に感じられて参りました。呑気なことを言っていられる身分ではございませんのに、としなのでしょうか。少し血圧が高いものですから、こうして煙草を嗜みましたり、たまに誘われまして麻雀の夜ふかしなど毒とは知っておりますが、ほかに楽しみもございませんもの。

今だに西田の夢をありありと見る夜がございます。刑死の直後には、最後に会った日の白いちぢみ姿で「迎えにきたよ」と言われる夢も見ました。夢の西田は、姿はまざまざと見えますのに、いくら手をのばしても軀に触れることが出来ません。遠くにおります。夢の中でさんざん泣いて、ふと目醒めますと、涙で枕が濡れていることもよくございます。おいて逝かれた悲しみは、涯がないようでございます。夫婦の因縁とはこんなにも深いものなのでございましょうか。

それにしましても、もう二・二六事件は遠い昔のこと、今さら事新しく申上げることもございません。未亡人のことなどお書きにならなくてもよろしいじゃございませんか。すべてかえらぬことばかりでございますもの。過去は過去として終っております。忍び足の時間に一歩一歩老いの境いへ人生を刻んで、これからいよいよ浮世の風の冷く儚くなる中を生きてゆかなければならないわたくしどもなのでございますから。

生けるものの紡ぎ車

人間には生まれながらの運勢、星とでもいうめぐりあわせがあるようである。何が好運であり不運であるかは定めがたいとしても、若くして夫を銃殺刑によって失い、稚い子を抱えて未亡人になる運命を、誰がこいねがうだろうか。

二・二六事件で叛乱者の未亡人となった女性は十四人、そのうち五人が何故か同じ生まれ年である。事件が起きたとき数えの二十五歳、五人とも子持ちの未亡人となった。香田富美子、安藤房子、対馬千代子、野中美保子、田中久子。明治四十五年に生まれ、陸軍軍人に嫁し、日ならずして叛乱者の未亡人となる非運にめぐりあう。

明治四十五年は、明治天皇の死によって七月三十日で終った。一年は二百十二日と短い。喪章が流行し、猫の首や飼犬の尻尾にまで黒い布切れをつけたというこの年は、四年に一度の閏年である。

喪の閏年に生まれ合わせて、閏年の昭和十一年に未亡人となる。そんな運命によって結び合わされているとは互いに知らない青春であった。彼女たちが自分で択びとった人生ではない。見えない巨きな手がほしいままにさらった女たちの中に、偶然明治四十五年生まれが五人も含まれていたのである。

五人が五人ながらに、いつ終るとも知れぬ紡ぎ車を廻すような未亡人の道を、営々と生きつづけることになった。

安藤房子さんと対馬千代子さんは、同じ城下町に娘時代を送っている。去った竹嶌継夫夫人も、この静岡市から竹嶌のもとへ嫁いでいった。

事を起こして死んだ男たちの生年や、陸士の期数に重なりがあるのは、時代相の反映、陸士在学中の縦横の関係からむしろ当然と言えるけれど、受身で主動性を持たなかった妻たちの場合は、因縁めいためぐりあわせを感じる。

安藤夫妻の結婚は昭和八年五月、対馬夫妻の結婚は九年十二月。どちらも見合結婚である。安藤は陸士三十八期の出身、対馬は四十一期で年齢も三歳若かった。

陸軍士官学校在学中に、配属される連隊が決められ、士官候補生時代に六ヵ月入隊し、卒業後見習士官として配属されてこれが原隊となる。

安藤の原隊は帝都の第一師団歩兵第三連隊、対馬の場合は、弘前の第八師団歩兵第三十一連隊である。

大正十三年四月、陸士在学中の士官候補生三名が歩三に配属になった。この候補生の軍事教官を担当したのが、当時歩三の第六中隊付将校であった秩父宮である。候補生の一人が安藤輝三であった。対馬は弘前の原隊から昭和六年満州事変に出征、凱旋後、豊橋の教導学校付となってここから事件に参加するが、昭和十年八月以後、秩父宮の配属先は対馬の原隊であった。

すべては偶然でありながら、因縁を感じさせる絡み合いは随所にある。

安藤輝三は皇恩を蔽う重臣ブロックの一人と目していた侍従長鈴木貫太郎海軍大将と親しく会う機会があり、鈴木の人柄と軍人としての識見に打たれるところがあった。しかし、二・二六事件では、長い苦渋を経て決断した後で、鈴木侍従長を襲撃し、重傷を負わせる立場に立つ。鈴木貫太郎夫人たかは、秩父宮の幼少時からの女官で母親のように慕われたという女性である。鈴木侍従長に止めを刺そうとする安藤に懇願して思い止まらせ、一命を救ったのは、このたか夫人である。

安藤夫妻は九段の偕行社で昭和八年五月十七日に挙式している。陸軍中尉安藤輝三は礼装を着用、痩軀で端正な好男子である。日本髪に振袖の花嫁は整った顔立ちにいじらしいような初々しさが匂うばかりである。

披露宴が終るころ、爽やかな薫風の中を、号外売りの鈴の音が近づいて来る。新郎新婦と親族は、上馬の新居へ向う自動車を待って偕行社の入口に立っていた。小走りに通りかかった号外売りを礼装の安藤が呼びとめた。この日、一年前の昭和七年五月十五日に起きた事件の記事差止めが解禁され、事件の全貌が大々的に伝えられたのであった。

五・一五事件を起こした人々も、その蹶起趣意書に国を救済する道は唯一つ、直接行動あるのみと謳い、「天皇の御名に於て君側の奸を屠れ！」「吾等は日本の現状を哭して、赤手、世に魁《さきが》けて諸君と共に昭和維新の炬火を点ぜんとするもの」と訴えている。二・二六事件の蹶起趣意書が上部工作を目的としたためか、漢文調の格調を示しているのに比べて、五・一五事件のそれは国民あてのスローガンの体である。その点を除けば、同質の文章である。

計画の杜撰《ずさん》を危惧し、陸軍側の参加を制止した西田税はこの日狙撃され重傷を負った。西田の周辺にあって国家革新を標榜していた人々は、この日枕頭につめかけて、海軍及び民間側同志のつきつけた血の不信任状に、改めて決意の再確認を迫られたはずである。安藤輝三もその一人であり、この日はじめて北一輝に会ってもいる。

それから一年の間に、静岡の紙問屋の長女佐野房子と見合し、見合からわずか三ヵ月後の結婚式場で、事件の詳細を報じる号外を手にするのである。五・一五事件は犬養政友会内閣を倒し、戒厳令下に軍事政府を樹立するのが名分であった。安藤が胸中、これと同質の実行為に訴える日を覚悟していたのなら、果たして結婚しただろうか。

結婚後の新居は、慶応義塾普通部の教職にある安藤の父の家と庭つづきの一軒を借りた。「これは家宝だから」と夫に示されたのが、英国滞在中の秩父宮から安藤宛に送られた手紙であった。

秩父宮は英国留学のため大正十四年五月二十四日日本を離れ、七月七日ロンドンへ到着、オックスフォード大学へ入学。翌十五年十二月二十二日、大正天皇重態の報に接して帰国の途につき、米国経由で昭和二年一月十七日に帰国。この間安藤輝三は陸士を大正十五年七月に卒業、歩三へ見習士官として配属になる。秩父宮からの手紙は、陸士在学中の安藤輝三に宛てたものである。

一九二五年（大正十四年）八月の消印のある手紙の書出し。

「君が此の手紙を受け取る頃は長い様で短かい夏休みが終つて再び新清な気分で熱心な勉強をしてゐると思ひます。僕は真に懐しい思ひで之を書くのだから、君もその気で読んでくれ給ひ」

文中の一節。

「英国が今日の偉大をなした原因は彼が Classique なことを尊んだことによると思はれる

日本は何によつて今日の大をなしたか、此の反省は将来の日本、若き日本を偉大ならしむる要素に外ならぬ。

親愛なる安藤君、僕は第一に此のことを君に考へてもらひ度いのだ」

別の手紙の一節。

「安藤君　度々懐しい手紙を忙しい中に書いてくれるのに僕は何と怠つたことだらう。そして今日此の山の国スイスで、正月に書かれた、血の出る様な熱情で綴られた文字の手紙を受け取つて、一刻も早く僕の考へをお報らせし度いと思つて此処に筆を取る。

君よ、西と東と遥かに隔てられた文明の世とは云へ、互ひに実情を知る事は困難である。日本の中或は狭い学校の中でも、総べてのことが誤解なく行つてゐるとは云へないと思ふ。まして最短路を採つても二週間余を経つた英国に居る僕のことに関して、日本に於ける報道の誤りがないと言ふことは君も信じないだらう。特に故意に誤報をなす人があるとすれば勿論である。僕がケンリー・ハウスを去るのも誤りであれば、欧洲滞在が一年延期すると言ふことも誤りであることを明言して、君の心配せざらんことを祈る次第です。

然し君が耳にし眼にした僕に対する評判は何でも報道してくれ給へ。又疑ひを起したことは何でも質してくれ給へ。僕は最初の目的及予定の通り進んで行きつゝある者であることを君に信じてもらひたい。（中略）

君よ余り神経質になるな。余猶を以て努力すべきだ。人生五十年と云ふ。短かきが如くして考へれば僕等が生れて以後今迄に至ると同じ年月が将来に存するのだ。沈着して一歩々々と進んで行くことを遥かに望んで止まない次第です」

秩父宮は明治三十五年の生まれで、安藤より三歳年長、これらの手紙が書かれたとき、数え年二十四、五歳の若さである。

安藤から送られた、時には仏文で書かれたらしい手紙の消息は不明である。

後年、世上で臆測する「変革」への志向は、ここには形をなしていない。しかし、軍務を通じて結ばれた一皇族と一陸士生徒の関係を超える、心と心の結びあい、熱い青年の友情の底に、脈々と流れ通い合う何かが感じられる。

陸士在学中から歩三で見習士官勤務につくまでの時期に、中途退学の同期生にあてた安藤輝三の手紙がある。滞英中の秩父宮に安藤から手紙が送られる時期とほとんど重なっているが、そこに見る限りでは、安藤輝三は「憂国の士」というよりは、武蔵野の散策を愛し、星空を眺め、青春の感傷に浸る文学青年である。歩三配属後、将校室にいるときより兵隊たちと接するときを好むという表現に、後年の安藤の姿がかいまみえる程度である。

第一師団に入営する兵隊の多くは農村出身であり、東北農村は打重なる凶作に呻吟していた。安藤が隊付将校として、日夜接する兵隊の家庭の貧困に胸を痛め、そこから政治の無策を憤って国内変革の志へと開眼するのは、昭和六年以後と言われる。熱が近づけば自ら燃え上る下地は、それ以前にもあったのかも知れないが、西田税に近づき、歩三の営内で『日本改造法案大綱』について青年将校の集まりをもつなどの行動が目につくようになるのは、やはり満州事変以後である。この頃の歩三には、西田税に一番信頼された青年将校運動の指導格の菅波三郎が配属になっていた。菅波が熱源となった。

陸大を卒えた秩父宮が、歩三の第六中隊長として戻って来るのは、昭和六年十一月である。翌年九月まで十ヵ月在職する間、西田税の天皇への建白書を託された菅波三郎が、安藤の手配でひそかに秩父宮に会う出来事もあった（『秩父宮雍仁親王』）。

五・一五事件当日、安藤輝三の心中が複雑に微妙に感応したであろうことは、すでに触れた。この当時、安藤は秩父宮と同じ連隊に勤務していたのである。このあたりの安藤の心理の起伏を確認する資料はないようだが、一人の隊付将校として「余猶を以て努力」する道を安藤は選びとっていたのではないだろうか。武力の威嚇・襲撃で一挙にクーデターを起こそうという思想とは対蹠的な地点へ歩いて行ったのではないか。その道の延長上に見合があり結婚があったのではないだろうか。

国内変革への意志を固めてからの安藤は、秩父宮への接近を慎しむ傾向にあったと言われる。しかし同じ連隊内で宮の信頼を得ていた安藤は、一般の隊付青年将校よりも広い視野、閉塞状態を免れる自由濶達な心を持つゆとりがあったはずである。磯部や栗原のように求心的に疾走する心情とは自ら異質なものをもち得たはずである。それが満州事変以後攪拌され燃えたった心を鎮め、結婚を選ばせ、二・二六事件発起に当って誰にもまして苦渋と躊躇をみせた背景ではないだろうか。

房子夫人が裕福な家庭で大切に育てられた無垢の心で結婚にのぞみ、将来の平穏と幸福を思い描いたように、安藤もまた、この人との結婚生活に期待と夢を託し得る心境であった。不幸な事件が重ならなければ、安藤輝三は房子夫人を置き去りにはしなかったはずである。

八年に結婚して、九年、十年とつづけて年子の男の子が産まれた。

安藤は思想的な話題を一度も妻に語ったことがない。結婚した年の夏、世田谷の家から渋谷の道玄坂まで散歩に出て、青山まで歩いた。途中で東京音頭のレコードを買った。青山の公衆電話から電話をかけ、タクシーで連れてゆかれたのが、西田税の家であったが、安藤は夫人を外へ待たせて一人で西田家を訪い、夫人は犬に吠えられながら立っていたという。

除隊した兵士が相談に来ると帰りの切符を買ってやる。演習の帰途、部下を富士五湖めぐりに連れてゆくという具合で、給料はほとんど費やされてしまう。月給日には、なんとなく済まなそうに現金を手渡した。月給の半額五十円くらいしか持帰らない月もたびたびあった。夫人は軍人の月給はそんなものかと思っていたが、ぎりぎりの生活費であった。

出産は二度とも静岡の実家へ帰ったので、短い上に途切れる結婚生活である。安藤は子煩悩な父親であった。夫人が朝餉《あさげ》の仕度に手をとられているとき、子供が泣き出すと、着流しの背中へ紐でおんぶして、そのまま通りへ歩いていってしまうことさえあった。

昭和十年十一月、房子夫人は静岡へ帰って二人目の子供を産んだ。上の男の子は一年七ヵ月で手のかかる盛りである。年子の二人の男の子を抱えての家事は、お嬢さん育ちの房子夫人にはかなり荷重である。新生児黄疸をすませ、どうやら首も据って、他人手を借りずに風呂へ入れられるようになるまで、房子さんは両親の許にとどまった。

その十二月末、第一師団の満州派遣がきまった。

昭和十一年の正月、安藤と妻子とは東京と静岡に離れ離れの屠蘇を祝うことになった。年末を控えての出産など、そうたびたび経験するものではない。男の子が二人にふえ、家族四人となった新春に別々にいても、それを取戻す時間はこれからたっぷりあるはずであった。

夫人が子供たちを連れて東京へ帰って来たのは一月二十日頃である。日頃から隊務に熱心な安藤は、寒中のことでもあり、営内の方が万事好都合であったのであろう。無人であった家の井戸のポンプは、カチカチに凍りついていた。

赤児の泣き声が混って明るく賑やかな家庭の中で、安藤に暗い表情のあるのに夫人は気がついた。もともと口数の多い人ではなかったが、平常の明るさがなくなり、考えこんでいる時間が多くなっていた。

第一師団の満州への移駐が近づいて来る。彼地の寒さは東京では想像出来ない程という。夫のためにどんな準備が必要なのか、商家に育った夫人は知らない。相談すると、夫は「いい、いい」と答えるばかりであった。

磯部浅一の「行動記」によると、安藤が実行準備の決心を問い糺されるのは、二月十日夜である。安藤の答は「いよいよ準備するかなあ」というのであった。この夜まで、安藤・磯部間で蹶起について煮詰った討論が交わされた形跡はない。

一月二十八日に相沢三郎の軍法会議が開始され、この法廷闘争へ過大な期待を青年将校たちは寄せていた。五・一五事件では、犬養首相を殺し、負傷者も出しながら、一人の死刑もなかった。法廷で政治の腐敗を痛撃する被告たちに、陸海軍当局はその心情を諒とし、世間は声援を送ったのである。相沢公判の行方はどうなるのか、その結末を見定めないうちに満州移駐が近づいてくる。夫人の目に不在の二ヵ月間の変化が見える程、安藤はなにを考え、思い悩んでいたのだろうか。

相沢三郎に殺された軍務局長永田鉄山は、二・二六事件の青年将校とは対立関係に位置する。昭和九年一月末、鈴木侍従長に会って考えるところのあった安藤は、下士官、将校に国学、経済、歴史、科学などの再教育が必要と考え、青山四丁目の梅窓院に講師を招いて講習会をもった。企図を聞いて七千円の資金を出したのは、元歩三連隊長の永田軍務局長である。永田は「安藤一任で可」として大金を出したという。安藤は敵味方の次元で割切って単純に蹶起に賛同するには、多角的な関心を持ち、多様で柔軟な人間関係を生きてきていた。秩父宮との交誼も、軽々の行為を安藤に躊躇させ、結婚三年に満たない妻子への責任も安藤をしっかり捉えていた。

事件後、二月二十八日、幸楽へ安藤を訪ねた民間人町田専蔵に向い、

「今度の事件に付ては、自分は最初強硬に反対したのである。然し同志が飽迄昭和維新の聖戦として最後迄努力すると云ふて勧めたから共に蹶起したのである」

と語り（「町田専蔵聴取書」）、二十九日、鎮圧の戦車が轟音凄じく接近し、出動部隊の帰営が始まったとき、

「諸君、僕は今回の蹶起には最後迄不賛成だつた、然るに遂に蹶起したのは、どこ迄もやり通すと言ふ決心が出来たからだ。僕は今、何人をも信ずる事は出来ぬ、僕は僕自身の決心を貫徹する」（磯部「行動記」）

と昂然と語ったという言葉の中に、安藤の姿勢がうかがわれる。

けれども、時期尚早、成算に確証なしという不賛成の意見を貫く強さを安藤は欠いた。大勢に抗する「勇気」は、一時期、臆病者、卑怯者と区別がつき難い。

ある夜、安藤は夫人に、「もう一度、静岡へ帰れ」と言い、別なある夜、「これをやろうか」と机の上に指で長い筋を三本書き、四本目を中途でとめた。三下り半、離縁状である。夫の顔は笑っていて、冗談を言っているようでもあった。

二月十八日、村中、磯部、栗原、安藤が栗原の家に集まった。来週中（二月二十三日日曜日から二十九日土曜まで）に決行を決めたが、安藤は「今はやれない。時期尚早であ

る」と反対した。磯部は歩三、歩一がやらなくても単独で決行する決意で「ヤル」と主張し、結局、決行時期が決まった。

この顛末を聞いた野中大尉に「何故断ったか」と叱責され、安藤大尉は非常に恥かしく思ったというのである（「西田税聴取書」）。

一方磯部は安藤を自宅に訪ね、上部工作の見通し、出動兵力の掌握情況などを語り「不安なく決行してくれ」と安藤に迫った。二十一日夜のことである。房子夫人が磯部を玄関に見送って居間へ戻ると、安藤は磯部が席を立ったときの姿勢で火鉢の炭火をみつめていた。妻へ目をあげると、

「磯部はああして軍をやめさせられても一生懸命お国に尽そうと働いている。偉い男だ。房子はどう思うか」

と聞いた。重苦しい雰囲気であった。夫人は磯部と夫の会話の内容は知らない。しかし磯部にかこつけて夫が今審判を求めていると感じた。「偉くなくても、平和な暮しがいい。私だけでなくて、親たちもそう願っていると思う」と夫人は答えた。夫の直面している問題はなにも知らなかった。しかし何か異様なことの予感はかすかにあった。「平和で平凡な暮しをつづけたい」と精一杯な妻の言葉を確めた上で、この夜、安藤は決意したのである。

翌二十二日早朝、安藤の決意を促しにきた磯部へ「磯部安心して呉れ、俺はヤル、ほ

んとに安心して呉れ」と答え（「行動記」）、この日から週番勤務の歩三へ出て行った。

連隊へ出かける前、なにか言いたいけれど言えない様子であった。下の男の子の眠っているところへ縁側から朝陽がふりそそいでいた。「ひなたに寝かすと、目が悪くなるよ」と言いながら、光の帯の中から蒲団を奥へ引張った。遊んでいる上の子に身を寄せて「当分お別れだから」と呟いているのを、夫人は一週間の週番勤務の不在を言っているものとばかり思っていた。安藤はこの朝、日赤に入院中の妹を見舞い、付添っている母にも会った上で歩三へ向ったのである。


静岡市はお茶処と言われるだけに、住宅街を歩いていても、お茶を焙じる香気が風に乗って匂ってくる。

安藤房子さんの安藤洋裁学院も、そういう街の一隅にある。房子さんは未亡人になって間もなく実家へ帰り、子供を預けて上京して、母校の共立女専の恩師が主催する洋裁学校に学んだ。もう一年共立女専に学べば、教師になる道も開けていたが、洋裁の方が向いていると判断してこの道へ進んだという。戦争中、娘たちが徴用にとられて生徒がいなくなり、一時閉鎖した他は、ずっと洋裁学校を営んで、教えたり時には仕立てたりの生活をつづけてきた。黒板に向って机とベンチが並び、壁にはアルファベットの字体が貼り出されている。あの一九四〇年代のファッションの復活を伝える新着のモード雑誌が重ねておかれ、教室は手堅さの中に華やぎをも感じさせる。

　安藤房子さんは二・二六事件の妻というとすぐ引合いに出される三十余年、「歩三の安藤」の未亡人の他に、洋裁学院の院長の生活にすっかり根をおろしてきたのであった。マリー・ローランサンの世界に惹かれるという静かな理性的な人である。

　週番勤務についた夫は、二月二十五日、当番の前島上等兵に演習用の靴を家から取って来てくれと命じ、「重臣ブロックの正体」というパンフレットを託した。これを読ませて明朝の事件への心構えをさせようという配慮であったのかも知れない。

　安藤の妻として報道関係の取材に曝されるのは二十六日からである。夫人は語るべき言葉をもたなかった。安藤家の嫁、二人の子供の母、事を起こした軍人の妻。崩れそうな心を励ましながらこの三つの役割を果たすために、事件の四日間が無暗に長くそして短く、急に幾つも年をとったような気がしてならなかった。

　事件最後の日、自決を図った安藤は衛戍病院に収容された。安藤の両親と面会に行くが、本人が興奮しているからという理由で会えず、間もなく安藤は衛戍刑務所へ送られる。連隊からの請求で二月分の給料の何日分かを返させられ、御大典の記念章も返した。

　判決後、七月七日から十一日まで、毎日面会に通ったが、安藤は行動を共にして収監された部下の家族を気遣って、見舞に行ってくれと夫人に頼んだ。なにも妻に説明しなくてもわかってくれているという夫の視線を受けとめて、妻はその役割を演じ通した。

今、時間をへだてて当時を振返れば、若い夫の「甘え」さえ感じられる。しかし、一冊のパンフレットで夫の心をどれだけ理解し得たのだろうか。

獄外の妻の生活を安藤輝三は頼もしく思い安堵もしたらしい。「女はもっと馬鹿なものかと思っていたが……」詫びるような、しみじみ悟ったような口調であったという。

「本当にそう思っていたのでしたら心外ですけどね」

房子夫人は笑いながら語った。

処刑までの短い面会の日々、家族の面会風景にまじる若い妻たちの姿に、栗原安秀の母は「毎日きれいに着飾ってお祭のよう……。かわいそうに」と涙ぐんだ。その一日、房子さんは午前の面会のあとで、もう一度ひとりで面会に行った。安藤は「ハンカチを貸してくれ」と言い、返すとき丸めた自分のハンカチを手渡して寄越した。ハンカチには「公判ハ非公開、弁護人モナク（証人ノ喚請ハ全部却下サレタリ）発言ノ機会等モ全ク拘束サレ裁判ニアラズ捕虜ノ問ナリ、カカル無茶ナ公判無キコトハ知ル人ノ等シク怒ル所ナリ」と冒頭に書かれた手記が包まれていたのである。「憲兵ハイクラ親切ニシテクレテモ、全然気ヲ許シテハイケナイ」「将校ニモ色々アルガ若イモノ、下級ノモノ程信頼デキル」「現在ノ特権階級ハ全部敵ダ」などの書きこみもあった。

処刑の朝、刑の執行を言渡された安藤輝三は、塚本刑務所長の問に、

「別に御座いませんが、松陰神社のお守りを身につけて射たれたいと思います。家族の

者が安心いたしますから」

と答えている。お守りと処刑直前に認めた絶筆を納めた白封筒には、

体ト共ニ家族ニ御渡シ下サレ度シ

安藤輝三

係官殿

と表書きされていた。この封筒を身につけて射たれたのである。安藤は二発射たれたと言われる。封筒は安藤の最期の血で染った。

房子夫人は家族とともに幡ガ谷の火葬場で刑務所長から渡された故人の遺品をひらいた。血痕は封筒を貫いて点々と遺書を彩り、まだ生々しい鮮烈な血の色をとどめていた。

安藤は刑架前で「天皇陛下万歳」「秩父宮殿下万歳」と叫んだのである。

房子夫人宛の遺書。

昭和十一年七月八日

輝三

房子殿

万感迫ツテ何ヲ書イテヨイカワカラヌガ、不充分ノ点ハ以心伝心ヲ以テ御察シヲ乞フ

武人ノ妻トシテノ覚悟ハ十二分ニオ持チノコトト思フガ、今日アルコトハ夢ニモ思ツタコトハナイデセウ

オ前ノ貞淑ニ酬ユルニ私ハ暴君ヲ以テシタ

オ前ノ華ヤカナ静岡時代ニ比ベテ、安藤家ニ来テカラハマコトニ多事多難、而モコレカラハ益々オ前ノ身ニトッテ波風ノ荒イコト、思フト何トオ詫ビシテヨイカワカラナイ　特ニ事件以来ノ御骨折ヲ思フト全ク合掌以外ニ無イ
『女ハ弱シサレド母ハ強シ』ト云フヨクイハレル言葉ガアリマスガ　母親トシテ強ク正シク生キテ下サイ　ドウカ私ニ代ツテ孝養ヲツクシテ下サイ
子供ハ必ズ立派ニ私達安藤家ノ跡ヲツグコトヲ確信シ　此ノ点ハ安心シテヰマス

長男輝雄に宛てて、

「幼少ニシテ父ト別レルオ前達ハ幾多ノ障害ヲ突破シナケレバナルマイ　然シテ天ハ立派ナ母ヲ授ケテ下サッタ」

と書き、次男日出雄には、

「オ前ハ父ノ顔ヲ全然知ルマイガ父ハ武人デアリ国士デアツタコトヲ忘レル勿レ……」

と書く。この日、安藤は、

「生死の園　煩悩の林に遊戯す」

「生又可なり　死又可なり」

とも書いた。

処刑の前夜になって、
生と死の道に迷へり

我一人の身にあらざりき　　　　　　　　　　輝三

と書く。事件の直前まで、心を決め兼ね苦悩した揚句の選択が死の道に通じ、家族との永別を招いたことへ、安藤の心は幾度も立返って行ったのである。

国体を護らんとして逆賊の名

万斛の恨　涙も涸れぬあゝ天は　　　　　　　鬼神輝三

と処刑前夜に書いた安藤の思いは、妻に寄せる感情へと絞られてゆく。遺書はすべて検閲され他人の眼に触れる。律儀なほど几帳面な夫はそれを意識してか、幾分よそゆきな表現にその心を託した。

「我が妻よ　思はつきず　永遠に永遠に私は護らん　良き妻よ　良き母たれ　幸多く永き世を　十一日夜　　　　　　　　汝の輝三」

「わが妻よ　我には過ぎたり　美しく優しき妻よ　あゝさらば」

「房子殿　サヨナラ　安藤輝三」

十二日朝と上書きのある箱の中には、十一日夜半絹のハンカチに書いた夫人宛の遺言が納められていた。

まさに別れに臨み

清く美しき　我が妻よ　やさしき妻よ

母となりて正しく強く　二児を護りて　永遠に幸あれ

処刑の朝「一切の悩は消えて極楽の夢」「夢ハ平凡ノ夢　前夜ノ夢ハ」と書き残して刑場へ赴く。平凡の夢とはどんな夢であったろうか。

歩三にあって安藤とともに秩父宮の信任篤かった森田利八大尉（安藤より先任で事件には不参加）宛にも、処刑前夜書いている。

森田大尉殿

お先きへ失礼します　但し万斛の恨を呑んで　殿下に宜しく御伝へをお願ひ申上げます

昭和四十六年七月十二日の賢崇寺の法要には、安藤夫人も静岡から出席した。法要のあと、大広間ですし折を前にひとときの懇談があった。

『日本を震撼させた四日間』を書いた歩三出身の元陸軍中尉が、懐しそうに女性たちの席へ挨拶に来て、話がはずんですっかり腰をおろした。しばらくして、ある問いかけをする安藤夫人の声が震えがちなのに気づいた。その本には、安藤が教育熱心で結婚後も営内に泊りこむ日が多く、将校の中には「安藤は家庭が面白くないのではないか」と評する向きもあったこと。「『安藤、少しは奥さんのことも考えろ』上官から再三忠告を受けて、やっと兵営泊込みを止めた程である」と書かれている。夫人は成人した息子たちから、父がそういう夫であったのか問われた。心あたりはない。しいていえば出産で実家へ帰った時期に、営内泊込みがあったと想像されるだけである。いかにも安藤が家庭や妻にあきたらず、営内に泊込みつづけたかの記述は、残された妻には思いがけず、不本意であった。それ故の控え目な抗議であり、「わたくしの立つ瀬がありません」と語る夫人の眼に、光るものがあった。

房子さんは日頃はきわめて冷静な人である。決断するまでどれだけ苦悩があったとしても、二者択一を迫られて事件への参加を選んだ瞬間、夫は妻子を切捨てたのである。世間や周囲の人間関係の冷たさ厳しさを考えるときも、夫に置去りにされた妻の痛みがまず蘇ってくる。女は子供を産むためのものと、一段軽く見る気持が、「義」と妻子とを選択する際、多少なりと作用していたのなら、女はなんとつまらない悲しい存在であろうか。そのあたりのことが、三十年以上たっても少しも明瞭にはなってこない。夫の最後の心こめた呼びかけに打たれて、一切を問わずに生きてきたが、夫が家族の身の上を真剣に考えたのは、久々の面会の後ではないだろうか。それでなければどうして参加出来ただろう。夫の蹶起までの苦悩、遅疑逡巡をしのべば、そこに妻として救われ報われる幾許かのものはあるが、やはり一度は夫に捨てられた存在と思う日もなくはない。思いは行きつ戻りつする。

数え年二十五歳から三十五年、「安藤の妻」として生きた歳月の重い吐息が、夫人の優雅な挙措を取巻いているようである。房子さんが未亡人となった昭和十一年末、英国国王は王冠か恋かの二者択一を迫られて、王位を捨てたのである。

対馬勝雄中尉の夫人千代子は、事件当日、産後の余病で静岡の日赤病院に入院中であった。昭和九年十二月二十五日に結婚し、事件まで十四ヵ月の夫婦である。昭和十一年一月十六日に長男好彦を出産、事件は四十日後。療養のため実家の両親に連れられて夫の任地豊橋を去ったのは二月二十三日、夫が「蹶起」のため豊橋から東京へ向うのは二日後の夕方である。

二月二十三日、豊橋駅へ妻を見送った対馬は一方では連絡に来た栗原を待たせていた。襁褓《おむつ》の包みを置忘れ、駅まで見送りにきた仲人の孫を迷子にするなど、心がどこかへ飛んで行っている風であった。列車に乗込んで、千代子夫人はプラットホームの夫と言葉を交そうとしたが、なぜか汽車の窓があかなかった。視線をからませる間もない慌しい別れが、夫との最後の別離になった。

窓越しに対馬中尉は愛児と妻を見ていた。

豊橋の駅の別れの名残りにと
　吾子をのぞけば眠りゐにけり

差入れの子供の写真にこう書きつけるのは七月十一日、処刑前日の夜半である。

入院した千代子さんは、三月五日に父親から聞かされるまで、事件の起きたことはうすうす知っていたが、夫は参加していないという父の言葉を信じていた。見舞に来ない夫を恨み、血刀を提げ「これから自首する」と言って子供を覗きこんで出て行った夫の夢を語って、親たちを泣かせ困惑させていた。夫人の父もかつて軍職にあった人である。三月四日、戒厳令下に東京陸軍軍法会議特設の勅令が公布された時、婿の運命が楽観の余地ないことを知った。

対馬中尉の中隊長の父親は夫人の父松永少佐の上官であったことがある。その縁で持上った縁談である。対馬中尉が要注意人物で、謹慎処分を受けるような性向を顧慮した中隊長は、妻帯させれば落着くと楽観していたのかも知れないが、松永家は何も知らない。父の元上官から突然婿候補を連れて行くと電報が届いて、あわただしい見合であった。親たちが対馬中尉の人柄を見込んで、娘を託した縁組である。満州事変に出征した「戦歴」も、武人の父には好ましく、陸士の卒業成績が歩兵科第二十二位と上位であることも、前途有為の証しであった。結婚後、陸大の第一次試験の関門は通り、第二次で落ちたのは思想傾向を問われた故だが、銓衡理由は当事者しか知らない。男の孫が生まれて喜んでいる矢先、対馬は同期の栗原、中橋とともに事件に加わり、叛乱容疑で裁かれることになった。

当時、産後の病気は女の命取りになることが多かったといわれる。病みやつれた長女を正視し得ない感情を殺して、父親は娘に事実を語った。「驚くだろうが、決して泣くな」。父親は「泣くな」という言葉のむごさを知っている。しかし泣いてもどうにもならない事態に娘夫婦が追いこまれていることも、予備役の老少佐には明白であった。「叛乱」「大権干犯」この言葉の持つ厳しさを軍人ならば骨身にしみて知っている。

一晩蒲団を引被って泣き明かした後の夫人の精神状態は、病状に反映した。絶対安静がしばらくつづいた。そのあとも退院、入院を繰返して、夫への面会が許可になっても外出出来る状態ではなかった。娘にかわって対馬中尉に面会した老父は「ぜひ子供を見たい」という婿の希望を聞いてすぐ電話してきた。母が孫を連れて上京することになったが、この朝同居中の親戚が亡くなったため千代子夫人自殺の誤報が流れ、新聞記者に粘られて、玄関から顔だけ出す「首改め」でようやく納得してもらう一幕もあった。

来たか坊やよ　利口な坊や　たつた一つで母さんの　使かひにはる〴〵汽車の旅

お丶お手柄お手柄

父より

昭和十一年七月八日

好彦さんへ

と対馬は書いている。

元日も映画見物も、「すみませんねぇ」と言いながら尾行の憲兵がつきまとう結婚生活であった。対馬は満州事変に出征中、戦死した同志（下士官）の遺骨の一片を食べてしまったという逸話の持主である。満州では失った部下の数だけ「匪賊」を斬首したという。戦死した部下の分骨をいつも肌身につけていた。そのまま事件に参加し、おそらくはそのまま銃殺されたのである。対馬中尉が斬った中国人「匪賊」は、中国人からみれば愛国者であったかも知れない。熱血をたぎらせる対馬中尉の脳裏には、殺される異国の男の立場を思ってみる思考はない。それが軍人の思考であり、論理であった。

その対馬中尉の日頃の人柄を伝える一通の手紙がある。事件の前年の九月三十日、週番勤務中の夫から留守宅の妻あて。「返事不要なるも一応御覧ありたし」と封筒の表に書かれている。

只今広島駅発千葉特務曹長より電報あり、判読するに「広島の帰途一日午前四時つく、〇三十五円都合悪し頼む千葉」とあり、勿論金銭は目下無一文にて止むを得ざるも兎に角午前四時小生停車場に出迎へる心算なり。（夫人同伴ならん？）

もし下車すれば一応家に伴ひ朝食後帰校せんとす、其後にても相談の上なし得れば十円位にても都合してやりたきもそれは其時の話し次第にする考へなり（演習で）名古屋に行かねばならぬから一寸都合はつくまいとは思ふが）

尚下車しなければ帰路家に立寄り五時半迄に帰校せんと思ふ、朝食の準備は其時にて宜し何もなくて可なり

右不取敢御通知まで

（先日も週番中にきて又々週番中で、実に都合悪しきも致方なし　呵々）

三十日夜　　　　　　　　　　　　　　　　　　　　邦刀（対馬の通称）

千代子殿

身体を大切に

妻は最初の子供を懐胎中であった。こういう借金の申入れは、旧部下からも同志からもあったようである。夫は苦しいやりくりをして金を調達し、届けに行った。月末には飲み屋のツケも馬鹿にならない。惑っている妻に「借金の言訳が出来るようになりゃ一人前」と対馬は頓着しなかった。それでも、子供が生まれてからは、風呂嫌いな人が女でも不安なグラグラする嬰児を自分で風呂に入れ、夫人の妹に手渡したあとからのこのこ裸でついてきて、子供を覗きこんでいた。

昭和十年の暮れ、金鵄勲章についた御下賜金で対馬は青森の郷里へ帰った。両親と秩父宮に会うのが目的であり、帰路、東京へ出て真崎大将に逢って、十一年の元旦に帰宅した。事件後の憲兵訊問調書では、対馬勝雄はこの帰省当時「今度のことがあると言うことは予想して居りません」と述べている。昭和六年以降、事あるごとに参加の気組みを示してきた行動派の対馬である。第一子の出産を目前に控えて帰郷し上京した旅の真意は、やはりとらえがたい。

事件前、対馬中尉は軍人であることに懐疑を抱いていた節がある。

「軍人が嫌になった。満州へ行って満州国の軍人になろうと思うがどうだ」と夫人に問うたこともある。あとから振返れば、二月に入ってからは夫人の軽口にも乗らぬようになり「俺が死んでも全国の同期生が助けてくれるよ」と語ったこともあった。

　御両親様永イ間御心配オ掛ケ致シマシタ　此ノ報ラセヲ如何ニ御悲嘆ニテ御覧ニナルカト思フト申上ゲルニ忍ビマセン　五日判決デ死刑ヲ言渡サレマシタ　何卒々々御諦メ下サイ

　千代子ヨオ前ニモ済マナイ　身体工合ハ其後ドウカ、オ前ノ事ダカラ卒倒シハスマイカト心配ダ併シ斯ウイフ言《（ママ）》ガシツカリシナケレバナラヌ大事ナ時ダ　武人ノ妻トシテ先ヅ落チツキガ必要ダ　人生ハ一々苦ニシタラ限リガナイ　ヨイカ

　父上様御手紙有リガタク拝見シマシタ　御申越シノ如ク私ハ不滅ノ大生命ヲ得マシタ　私ハ決シテ死ニマセヌ

　今日アルコトガ分ツテ居レバ千代子ニモコンナ苦痛ハ与ヘザリシモノヲ、又石井様林様（対馬夫妻の結婚を世話した中隊長の一族）ニモオ気ノ毒ヲカケナカツタデセウガ今更申シマスマイ、石井様林様ニモ宜シク申シテ下サイ

　母上様何ト申上ゲテヨイカ分リマセン　併シ私ノ事ナラバ赤飯ヲ焚イテオ祝シテ下サイ皇国ノ為尽シテコレ以上ノ幸福ハアリマセン、負ケオシミデハアリマセン、御不幸ノ段ハ重々御詫ビ申シ上ゲマス　皆様ニ面会シタイト存ジマス　凡テ其折ニ

ユヅリマス
父上様何卒皆様ヲハゲマシテ下サイ
弟妹ヤ親戚知己ニモ呉々モヨロシク　左様ナラ
昭和十二年七月六日　勝雄拝
御両親様
千代子様

東京宇田川町の対馬勝雄から静岡の夫人の実家へ宛てて送られた手紙である。

七月十二日早朝、対馬は、香田、安藤、竹嶌、栗原とともに刑架についた。

病褥に聞いた夫の死を、妻は信じきれなかった。しかし頑是無い子供の泣き声は、「しっかりしてくれ」と夫の代りに叫んでいるようであった。夫の処刑は、動揺する千代子夫人の心に活を入れ、一進一退の病状に区切りをもたらす反面の効果を伴うことになった。


子供が幼稚園へ通い出して間もなく、対馬の生家では遺児を手許で教育する希望を伝えてきた。「貧しき中からたった一人の男の子を育て上げ、将来をただ楽しみに生きて来た両親の俄かに真暗やみにつき落された心の内を思えば、せめて亡き人に代っていくらかでも孝養を尽したいと念じて」(昭和十八年対馬千代子より斎藤瀏宛の手紙)子供につきしたがって青森の海辺に暮す夫の両親の許に身を寄せる。長い歳月、嫁として終始する人生が始まった。

安藤輝三の母も、対馬勝雄の母も今日まで高齢を保っている。夫に代って姑に仕え、成人した息子たちの嫁を迎えて姑の立場に立つ。あの年、事件にめぐりあわなかったらどんな人生が約束されていたかは知れないが、男たちの去ったあと、生きる者には言葉にあらわし難い人生があったはずである。

「ここ三十五年来、事件関係から耳をふさいで逃げていたいという潜在意識はずっと消えることはありませんでしたが、この頃は少し気持が解けてまいりました。月日の流れのせいかも知れません」

安藤房子さんからの手紙の一節である。

同じ年に生まれ、同じ運命に直面した二人の女性は、一人は仕事を持って自立し、一人は母として嫁として旧家の中で生きつづけて来た。二・二六事件の妻の人生軌道から片時もそれないような人生である。二人とも、瞳は前方を見ていても心は常に内へ内へと向いているように感じられる。

対馬夫人は最近故郷の町へ帰り、弟の仕事を手伝いはじめた。安藤夫人との折々の邂逅を楽しんでいる。息子たちが自立し、母親の役割も完了した現在、彼女たちは改めて一人の女として新しい人生に直面しようとしている。やがて還暦の人生である。

生後半年目に父の死に遭遇した対馬好彦氏の手紙から――。

「昭和維新の事、亡父の事など、私などから申上げるならば、三十数年を経た過去の思い出話としか映りません。（中略）過ぎ去って幾久しい歴史上の事件の善悪は論じますまい。ある意味ではそうした事件には関りある如くして関りのない善良な遺族の人々或は関係者達を、どうぞ善意の眼でみつめてやって下さるようお願い致します」

辛酸に堪えられよ

東京タワーの真下にあるテレビ局へ村中静子さんが姿を見せたとき、朝方からちらついていた小雪はやみ、舗道は濡れて、寒さがしっとり沈んでいた。

事件から三十五年目の二月二十六日、茶の間向けのワイドショーへ出演するため、名古屋から前夜上京したのである。出演するコーナーのタイトルは「叛乱将校の妻といわれて」であった。

午後二時からの生放送にそなえて、リハーサルが繰返される。セットの座敷に坐った村中夫人は、広いスタジオの中で、小柄な体がさらにちんまりと見えた。

本番前の化粧の必要もない位身だしなみのいい夫人は、六十を幾つかこえている。テレビうつりのよい小紋の着物は、放送界に仕事をもつ一人娘の法子《のりこ》さんの見立てだろうか。息子のようなアナウンサーと対坐して、そこに坐るために生きてきたような自然なおさまりかたであった。

本番の正味は二十分と少ししかない。事件から今日まで、事件を説明し、村中夫妻の履歴と、この三十五年の未亡人生活を語ってもらおうと欲張った設問であった。

初めて村中孝次に会った日から今日まで、どれだけの時間があれば語りつくせるのか、言葉はつきないようであり、なにも語るべき言葉はないようでもある。ただひとつ、静子夫人がどうしても自分の口から言いたいと思っていた事柄は、時間の枠のやりとりの中で触れるきっかけがなく、結びのナレーションが始まった。ナレーションはつぎに掲げる村中孝次の遺書からとられた。

孝次

静子殿

一、四年余の契りは余りにも短くはかないものだつた。而もこの四年の日子は殆んど国事に全努力を傾倒して家を顧みず、君を忘れたかのやうであつた。君と楽しみ落付いて暮した日時、十指を屈するにも足りない位であらうか。

幾度か居所をかへ境遇は幾変遷した。君は辛酸苦労を嘗めるために僕に嫁した様なものだつた。

一、顧みて何の辞を以て君に謝してよいかわからない。僕一個は本懐を遂げて死ぬので、未だ生きる丈け生きて国家民人のために尽したいのは勿論だが尚以て冥すべし。未だ若い君をして永い将来を寡婦として過ごさせる始末になつたことは、実に言ふに忍びない悲痛な思ひで、君をこの悲惨な境遇に陥入れたことについては何んとも謝すべき言葉がない。運命と思つて呉れ給へ。

一、四年半の間よく尽して呉れた。君の温かい勝れた優しい人格につゝまれて、非常な悲境と困難な苦闘の中にあつてよくこれに打ち克つことが出来た。今回の事件を世に誇り得る時機が来たならば、これに与《あずか》つた僕の功績の一半は君に捧げる。

僕は元来非常に憂鬱な性であつたが、君と一緒になつて以来人生を楽しむことが出来た。僕が国事に奔走して家を忘れてゐたのは、君や法子を愛してゐないからだと思ふかも知れない。僕は君が非常に好きだつた。君を何人よりも愛してゐる。ただ僕の性格としてそれを殊更に表現しなかつた。

僕は夫婦愛といふものは淡々として而も離れ難いものだと思つてゐる。愛情を表現し合はなければ相互の情意が通じない様では、未だ夫婦一体の道に達してゐないものであると思ふ。僕は夫婦は一体と思ひ、その一体観は得てゐる様に思つてゐる。それは愛といふもの以上であらう。(中略)

僕が愛情を特に表現しなかつたので、君は不満に思つてゐたかも知れないが、僕の夫婦一体観の信念と又僕が殊更にその様な表現をすることを好まぬしさういふ術にも疎い男だつたことを理解して、諒として貰ひ度い。

君を熱愛してゐることは僕の偽はらぬ情だ。今国事に奔走して家を離れてゐても、維新成就の暁は早く身を引いて共白髪を楽しみたいと常日頃思つてゐた。今や空し。

生前何等君に尽さず苦しい悲しい思ひをさせることのみだつたが、死後は必ず君と法子とのためにつくす。僕の霊魂は君の体内に生きて行く。維新のため国家のためにつくさんとする精神は、同志一体魂の中に生きて、必ずや維新の実現を見るであらう。又救世済民の念願を果さなければ断じてやまない。が、僕の霊魂は君の体内に宿る。未来永劫に一緒でゐやう。

　君に宿ることによつて法子の将来を護つて行かう。僕の夫婦一体の信仰を信じて呉れ給へ。
一、百万言を費やすも意を尽す能はず。察せられよ。今後二、三年の辛酸に堪へられよ。世人が決して遺族を放置するが如きことなかるべし。（以下略）

カメラは能筆の村中孝次の遺詠

とも白髪たのしむ日まで国のため
　　尽さばやとて家を忘れき

に一度静止して、暗くなったスタジオにスポットを浴びている村中夫人へ次第に近づいて行った。「察せられよ」というあたりから、夫人の顔がクローズ・アップになった。波を打っているおくれ毛がそよいでいたが、眼に涙はなかった。

　この遺言については、前夜のスタッフの打合せで一議論あった。二十代のスタッフは、結局これは男のエゴイズムではないかということになったという。「熱愛している」と言っても、誰のための愛なのかというのである。しかし遺書を贈られた妻にとって、スタジオに渋い男声で流れる夫の言葉は、幾十年の歳月を遡って心を震わさずにはいないであろう。そのとき「叛乱将校の妻といわれて」生きてきた女性は、言葉以上の表現を見せるかも知れない。そういう議論を踏まえてのカメラワークであった。スタッフの期待に反して、いや、推量通りにと言うべきであろうか、ナレーションの盛上りに主婦席がしんと静まり返る中で、村中夫人は泣かなかった。

つづくコーナーでは、若い女性歌手が「悲しい女と呼ばれたい」と歌った。金属性で粘りのある変った声を、村中夫人は姿勢を崩さずじっと聞いていた。

「男と二人で涙を流したい」と歌の言葉が流れてゆく。そんな感情がかつて私の中に存在しただろうかと夫人は思う。村中夫人は悲しい女などと呼ばれたくはなかった。

夫は獄中の遺書に、「今回の事件を世に誇り得る時機が来たならば」と書き残した。けれども「私は二・二六事件を起こした男の妻」と誇らかに言える日は一日も来はしなかった。

夫たちの目指した昭和維新は軍ファシズムへ変型・屈折して受けつがれ、戦争への道を開いた。二・二六事件は、昭和史の不幸な岐れ道に位置している。死んだ夫にとっては不本意であろうけれども、歴史の刻み方は冷酷であった。そして妻たちにとっても、あの事件は思わぬ運命の岐れ道となった。「功績」の一半にあずかるなど、思いもかけないことである。歴史の審判を見ずに死んだ男たちは、幸運であったのかも知れない。二・二六事件関係者は、敗戦後の昭和二十年十月十七日、大赦の勅令によって赦免されているが、遺族が知るのはさらに十数年のちのこと。事件の評価に変化はなく、二・二六事件の妻の名は依然として重苦しい響きを保っている。

村中孝次は静子夫人の次兄と陸士の同期生であり、親代りの兄たちが病弱な妹の平穏な人生を願って選んでくれた伴侶であった。昭和六年四月に見合して、十二月に結婚したが、すでに陸大の第一次試験に受かっており、いよいよ第二次試験にいどむ村中を、「村中の前途は洋々」と次兄は評していた。

婚約中鶴見祐輔の『母』を送ってくれ、日本女性の鑑とほめてあったが、静子さんはあまり感激しなかった。寡婦となって子供を育てる若い母の苦闘の物語である。同じような運命を生きることになろうとは、思いもかけなかった。

陸軍士官学校の区隊長であった村中の教え子から、五・一五事件に連座する士官候補生が出、二・二六事件で銃殺になる中島莞爾、安田優、高橋太郎の三少尉も、陸士時代に村中の薫陶を受けている。

五・一五事件ののち、一時村中は北海道の連隊へ飛ばされたが、亡父も陸軍軍人、兄二人も軍職にある環境で育った静子夫人は、夫の思想傾向を特に深刻に考えたことはなかった。五・一五事件の前も後も、日曜日の村中家は陸士の生徒で賑わった。汁粉とカレーライスの接待が新妻の仕事であった。

陸大へ進み、長女法子さんが生まれ、村中は「若い連中が僕ら老頭児《ロートル》は役に立たんと言ってるそうだよ」と妻に話したことはあるが、それを特に苦に病んでいる様子はなかった。口数はすくなく、妻のとりとめない女の話題にいつも聞き手をつとめたが、家庭にある限り、村中は満ち足りているように思われたのである。

陸士区隊長を長く勤め、候補生たちと公私の交流があってなんの警戒心も持たなかったこと、満州事変前後から急激に表面化した軍人の政治行動の渦中で、一方の理論家として目されていたこと、村中のもつこの二つの要因から巧妙に誘導されたのが、陸軍士官学校事件である。中央幕僚派の辻政信（当時陸士の中隊長）の意をふくんで村中孝次へ接近していた一候補生の執拗な問いかけに、村中孝次は実効性のない行動計画を語り、メモまで取らせたという。昭和九年晩秋のことである。昭和六年春の三月事件以来、蹶起、襲撃、政権顚覆といった話題に馴れ、日常語になっていた村中たちの感覚は、罠を仕掛ける猟師には恰好の獲物であった。腹心の候補生の報告を聞いて、辻政信は雀躍として憲兵隊へ通報する一方、他の候補生は村中の「計画」通りに蹶起の決意を固めていた。このあたりに士官学校事件の虚実と、当時の青年の心情が覗いている。

昭和九年十一月二十日、村中は磯部等とともに陸軍刑務所へ収容された。当時賀陽宮が陸大教官で、宮は静子夫人の次兄の陸士同期生であり、夫人の義兄（姉の夫）は産婦人科医としてその信任を得ていた。宮から「教官会議があるはずだから、そのとき私が村中君の擁護をしよう。心配せぬように」と意向が伝えられていた。しかし教官会議を経ないで、陸軍省は卒業間近の村中孝次を退学にした。

人は己れ自身が原因で危機に陥った場合、苦痛のトゲをいっそう堪えがたく感じるという。村中も磯部も、そういう傷を負った手負いの猪となった。

証拠不十分で不起訴となりながら停職処分を受けた夫に、「近所の方たちと顔を合せるのが厭だからどこかへ引越したい」と夫人は言い、村中は鷺宮に借家をみつけた。憲兵の張込みがつづいていた。

停職になっても一年間問題がなければ復職が可能であった。鷺宮へ転居する以前の信濃町の村中家へ、青山の陸大へ通う同期生たちが姿を見せ、「君がやらなくても日本は滅びない。一年間だけ手をひけ」と説得を繰返した。村中は「俺がやらなくて誰がやるのだ」と譲らない。名古屋に住む妻の姉からは「静子の亡き両親にかわってお願いする。一年間だけでも静かにしていて下さい」という手紙が届いた。村中は「この返事は僕には書けない。よろしく申上げてくれ」と暗然としていた。追いつめられ、傷つけられて、一歩一歩破滅への選択を重ねる人生が始まろうとしていた。

十年夏、「粛軍ニ関スル意見書」を磯部と連名で発表する際、「これを出せば確実に免官になるがいいのか」と同志に念を押され、村中は「いい」と答えた。帰ってきてそれを妻に報告して「いいと言ったがどうだ？」と問うた。いまさら反対の余地のない夫の語調である。夫人は「生きていてくれさえすれば、日蔭者になっても仕方がない」と胸に刻んだが、その願いもかなわぬ人生を夫は歩み始めていた。

予想通り十年八月に免官になり、村中は「天下の浪人」となる。文書活動と平行して、全国の同志的青年将校との連絡に家を明けがちな夫の生活は、相沢事件が起きて加速度を増した。十年末から十一年初頭、村中孝次は相沢公判の準備に眠る時間も惜しそうであった。夫人がお茶を運んでいって「家族にひかれてなかなか起てない」と語る香田大尉の声を耳にするのもこの頃である。その夜「危いことをするのじゃないでしょうね」と念を押すと「そんなことはしないよ。大丈夫」と村中は答えた。

公判闘争に賭けていた村中が、実力行動に踏切るのは二月に入ってからである。

二月二十五日、夫は菅波三郎（村中と同期の革新派将校。当時九州の連隊に勤務）の家へ行くと言い「しばらく留守にするからね」と言いおいて出かけて行った。いつもの小旅行と同じさりげない様子であった。しかしその二、三日前、夫人に貯金通帳と生命保険の証書を出させ、黙って見ていた。この日、出かける仕度が整ってから、村中は座敷に坐りこみ、立ちがたい風情で「僕は陛下のお光を妨げる者を芟除《せんじょ》するのがつとめと考える。自分としてはそうしか生きようがない……」と呟いた。日頃夫がよく口にする言葉であったのと、汽車に乗るものとばかり思って夫の外出仕度を急いだ妻は「あなた、時間大丈夫ですか」と思わず言葉をはさんだ。夫はこのあとになにを言うつもりであったのだろうか。聞きそびれてしまった。

村中は立ちながら、数え年四歳の娘に「お土産はなにがいいの？」と聞いた。子供は無邪気に「ハンモック」と答えた。

目立つといけないから見送るなと言われて、母娘は台所の桟越しに手を振って送った。振返って眼でうなずいた夫は、そのまま足早に立去った。村中が提げた鞄には、軍服一揃いと長靴がしまわれていた。陸軍を逐われた男には着る機会のないはずの軍服である。

二十九日、全員逮捕、鎮圧の報道が伝えられる日、近くの憲兵隊から「来るように」と村中の筆蹟で書かれたメモが届いた。静子夫人は法子さんを連れ、従弟とともに憲兵隊へ行って夫に会った。陸軍刑務所に収容されれば長期間面会出来ない。今のうちにという、憲兵隊長の好意のはからいであった。広い部屋にストーブが燃えていた。

「真崎閣下、どうなさいましたか？」

行動のあとの勝利の収束成るか否かを握る陸軍大将の名前が、逮捕された夫に会った瞬間口をついて出た。

「最後までよくしてくれたよ」

事件に関して夫はほとんど語らなかった。

「もうしばらく東京にいて様子を見てくれ」

「御近所では、すぐに銃殺になると噂していますか」

「そうか」

憔悴しきってクタクタな様子であった。なぜ村中孝次だけに妻と会う機会があったのか、事件の関係資料にもないことだが、夫人にはこの日の記憶は間違えようもない。死刑判決後、最初の面会で夫がまず聞いたのは「法子にハンモックを買ってやってくれたか」だった。

七月十一日、処刑を明日に控え、十六人の同志とともに村中孝次も遺言を書いた。十五同志の銃殺を見送り、証人として仮のいのちを生きながらえることになるとは知らない。

一、維新ノ為メニ戦フコト四周星、今信念ニ死ス、不肖ノ死ハ即チ維新断行ナリ男子ノ本懐事亦何ヲカ言ハン
一、不肖等ハ武力ヲ以テ戦ヒ勝ツベキ方策ハナキニアラザリシナリ　敢テコレヲ為サヾリシハ不肖等ノ国体信念ニ基クモノナリ　身ヲ殺シテモ至尊ヲ強要シ奉ルガ如キコトヲ欲セザリシニヨル
一、今後ニ於ケル静子及法子ノ身上及生計ニ関シテハ村中、宇野両家ノ親戚御一同ノ御高庇ニ俟ツ　コノ事ハ謹ミテ千願万望シ奉ル
一、事ニ当リ成ルベク静子ノ自由意志ヲ尊重セラレタシ

一、静子及法子ヲ速カニ分家セシメラレタシ
一、遺品ノ処分ハ静子ニ一任ス
一、従来ノ運動ニ関スル文書類ハ成ルベク保存ヲ望ム
一、法子ノ恙ナキ生長ヲ祈ル　余リニ重大ナル希望ヲカケ過重ノ負担ニ苦シムガ如キ結果ニ陥ラザル様注意セラレヨ
一、静子及法子ニ対シテハ生前全ク尽ス所ナカリシヲ謝ス　今後精神的ニ朗カニ気楽ニ暮ス様祈ル　右遺言ス
　昭和十一年七月十一日　村中孝次
静子殿
親戚御一同様

村中孝次は三十五歳。分家を指示し、静子夫人の自由意志の尊重を願い、愛娘への過重の負担を戒めたあたり周到な配慮と言うべきであろう。
同志の処刑のあとに残されて、一年余の辛い命を生きのびる夫から妻への手紙。

静子どの　九月二十三日　孝次生
苦労をさせて済まないナ　毎日それ丈けを考へてゐる　雑誌の中に母一人子一人の悲しみを描いたものが特に多い様な気がして　二人の前途を考へては暗然とする
今迄は国家の為めに一身を軽しと考へて来たが　君達二人に対しては寔に済まな

い　不運と観じて許し給へ
　磯部がよく憤慨して死にたくないといふ　僕も死にたくない　切角命を投げ出したことが何一つとして国民を救ふ様な結果を招来しなかつた　維新の前途は尚遼遠だ　是非もう一度闘つて見たい　亡つた同志の遺族の事も心配だ　生あらば身を粉にしても尽して上げたい　死を恐れるに非ず生を惜むのだ　同志万斛の恨をも晴してやりたい
　段々死に難い気持になつて来る　併し維新の悲壮な貴重な犠牲を考へて見るときこれが国家飛躍の礎石となるものならば僕の如きもの丶数でもない　が何としても君達二人に対しては済まない
　静かな幸福な日を将来送り得る様に日々祈つてゐる　色々の心尽し　面会の折に御礼を言ひ度いと思つては遂に言いそびれてゐる　看視付きの面会だ　意中を察し給へ　毎日感謝してゐる（以下略）

　法子さんを連れて、毎日の差入れと面会が生きる気力をささえていた。近所の人々から見舞の果物籠が届けられたり、人形づくりを教えようと申出があったり、世間の風も冷いばかりではなく、兄や姉の変らぬ経済援助を受けて、静子夫人は夫への差入れに専念することが出来た。

　村中孝次にも「丹心録」「続丹心録」「同志ニ告グ」など、獄中で秘かに事件の真相と真意を綴った手記がある。好意的な看守によって持出され留守宅へ届けられたほか、一部は面会の折に夫人に託された。夫人は固く秘蔵した。「磯部手記」が怪文書として外部へ流れたとき、まず面会禁止になったのは村中夫人であった。事件の一周年が来る頃のことである。

面会禁止がいつとけるのか、一切不明であった。しばらく待ってから、十二年五月、兄嫁に差入れを頼んで村中母娘は仙台へひきこもった。六月一日は法子さんの誕生日である。「お誕生日をしてもらいなさい」と書かれた村中の手紙は、間に合うように速達になっていた。

「面会に来られたし」

東京衛戍刑務所から電報が届いたのは、処刑の三日前である。長兄は満州駐屯師団にあり、日中戦争の拡大に伴い、各師団に動員令が下って次兄は動員の最中であったが、親のない静子夫人のために特別許可をとって、義弟であり同期生である村中孝次の最期の面会に立会った。村中は「自分たちだけ処刑が一年遅れた。強盗でもこんな仕打はされまい。こんなひどい話は聞いたことがない」と激しく憤っていた。磯部、香田、栗原、安藤、自分の五人は仕方ないが、若い人たちを救いたかったとも語った。

八月十九日午前七時頃、憲兵が来て「今朝お亡くなりになりました」と告げた。柩の蓋をとり夫と対面する。夫の手に触れてみた。暑い日であったのに、冷い感触、まぎれもない死の実感があった。デスマスクをとりたいと願い出たが不許可になる。しかし、今ではかえってよかったとも思う。眉間に一発の弾痕をのこす安田優少尉の凄惨なデスマスクからは、ありし日の可愛いにこにこした表情は浮かんでこないからである。

子供を連れ遺骨を抱いて仙台へ帰り、座敷の床の間に祭壇をまつった。その部屋に寝かせられていた法子さんは、突然むっくり起上って「そこにいるのはだれ」と鋭い声で祭壇を指さした。「誰もいませんよ」と答えるとすぐにまた寝入った。「あなた、法子を驚かさないで下さいな」夫人は心で夫に語りかけていた。

未亡人になって、働きに出たいと考えていた静子夫人に、長兄は「静子は兄さんの家族なんだよ、働く必要があるのかい。よそへ出て働くような教育はしていないから、お花の稽古でもして法子の大きくなるのを待ちなさい。決して外で働く気など起こさないように」と念を押して中国戦線へ出征した。次兄も「法子が嫁にゆく頃は僕だってなんとかなってるさ。気をのんびりして暮しなさい」と言いおいて出征した。夫の同期生や友人たちの援助もあった。

両兄の出征中、昭和十三年に法子さんを連れて満州へ就職した夫人の心中は複雑である。昭和九年、陸大の戦史旅行で満州へ行った夫の土産話が耳に残っていたせいもある。生活に事欠かなくても、喪衣に閉された生活から脱れたい気持もあった。仙台の土地柄は事件で亡くなった内大臣斎藤実敬慕の雰囲気が濃厚であった。墓参に行って、その境内にある斎藤実の銅像を洗っている婦人会の人々と行き逢ったこともある。視線の中に無数の針を感じた。この土地では子供をのびのび育てることはむずかしいと思った。異なった生活環境を苦には思わない若さが夫人を渡満へと踏切らせたのであった。

当時の満州帝国の首都新京へ。軍政部（日本の陸軍省にあたる）大臣官房が職場である。『満州共産匪の研究』で知られる鷲崎研太の資料室に勤務した。初任給七十円に機密費から三十円加算。官舎をもらって母子二人暮すには十分な金額である。法子さんは新京で小学校へあがった。

五・一五事件で免官になった村中の教え子たちが大勢渡満していた。日本から出張の途中、村中未亡人の安否をたずねてきて「もう少したったら晴れてお墓参り出来ますよ」と慰める陸軍軍人もあった。植民地のこの新興都市では、村中孝次の未亡人、遺児であることに同情的な空気であった。空襲もなく、終戦間近まで、軍関係者は食糧に困ることもなかった。

ソ連参戦直後、関東軍とその家族は民間より先に新京を撤収した。軍政部の移動より一日早く、村中母娘は関東軍の引揚列車で通化へ向う。貨車の旅である。終戦は通化で迎え、朝鮮を経由する帰国の途中で、夫の位牌まで奪われたが、名古屋の姉の許へ辿りついたのは二十年九月九日。在満日本人の敗戦経験に比べると奇蹟的に早い帰国であった。

法子さんの二人の男の子の喚声が聞える一室で村中夫人と会う。名古屋市の郊外である。戦後、兄姉夫婦に助けられ、夫人も病院に職を得て働いてきた。「刑務所のお父様にお手紙を書くわ」と無邪気な言葉で大人たちを泣かせた法子さんは、結婚後も仕事をつづけている。今は孫の相手が静子夫人の愉しい仕事である。かたわらの床の間に、村中孝次が若々しい青年の姿で写真に納まっている。

世間から離れ、日蔭の一生であったと思う。次兄は、「戦場で骨は拾えないのだ、骨を拾えただけいいと思いなさい」と言ったが、何十万か何百万かに一人の運命であったと思う。叛乱者としての骨を拾ったのであるから——。夫人は静か過ぎるほどの口調であった。

テレビの出演に応じたのは、昭和史の資料や週刊誌の記述を訂正したい希望からであった。生放送の短い時間では触れられなかったが、夫の事件参加を、家計の逼迫や、同志の経済援助への義理のせいにされたり、戦後貧乏暮しをして連隊の馬小舎に暮したなどと書かれると、静子夫人は寿命が縮まるような思いをする。精神の打撃はいやしてやりようがないから、せめて金銭の苦労をさせまいと心を砕いてくれた親族や知人たちに、申訳なくて耐えられなくなる。第三者にはなんでもない事柄であるかも知れないが、当事者である村中夫人にとっては、痛切なことであった。その庇護があったために夫が憂えた辛酸の淵に沈む日もなく生きてきて、その恩義の返せるあてはない。「テレビを見た。落着いて元気そうでよかった。感動した」思いがけない知己からの便りに、夫人はひとつの役割を果たした満足と、〝もう一言〟という悔いを幾度も反芻していた。

鷺宮で暮していた頃、夫の留守中に歯が痛くなって銀座の歯科へ出かけたことがある。その帰り道、鷺宮で電車をおりると誰か男の人が子供を抱きとった。村中であった。十数輛の電車を待って、この電車で帰らなかったら銀座まで行ってみようと思っていたと夫は語った。その声が何十年たっても甘美な想い出として残っている。志士や国士としての夫のイメージは、今では薄れてゆくばかりである。

昭和四十六年二月二十六日、村中夫人の出演するテレビの放送開始と同じ午後二時から、記念慰霊像のある渋谷の公会堂で、二・二六事件満三十五年を記念する事件関係全殉難物故者追悼法要が、佛心会によって営まれていた。例年の法要と異なり、この日は、前年割腹自殺した作家三島由紀夫の慰霊法要をあわせいとなむ。『英霊の声』に代表される作品の中で二・二六事件の「頌歌」を歌い上げた人の死を悼んだのである。

過去への旅 現在への旅

刑死した水上《みずかみ》源一の未亡人初子さんは北海道のある町に住んでいる。三十五年前の七月、夫の遺骨を抱き幼い一人娘を連れて夫人が北上した道を、同じ七月に辿り直して、函館で夫人と落合った。上野発青森行の東北本線は、かつて東京遊学中の学生であった水上夫妻の恋の舞台でもある。水上源一は北海道の出身、初子さんは青森の人であった。

上野をたって時が経過するにつれ、車窓の風に涼気が加わり、北へ向う旅をそぞろ実感する。青森から函館へ渡る青函連絡船のデッキには、胸毛の白さが目に痛いような鷗が、おそれを知らぬもののように船客の肩近くまで飛び交う。海から吹く風は湿って冷え冷えとして、心ない旅人の心をも感傷的にする。

水上源一は身長一メートル六十五、ガッシリした体格をしていた。一番大きい骨壺にも遺骨はあふれて、ゆすって納めたほどである。その重い夫の骨を抱き、三歳の娘とともに夫の郷里へ帰る旅路で、若い初子さんはほとんど放心状態であった。

結婚生活の始まりは昭和五年、日大在学中の青年と、三歳年下の女学生は、親たちの反対を押切ってままごとのような新婚生活を始めた。生計費は夫の家からの送金であり、少女歌劇に憧れる妻は、御飯の炊き方も知らなかった。水上が学内で救国学生同盟を組織するなど、国家主義的な政治運動に走るのは、おそらくその結婚と前後している。夫は、みずからの信念の同調者に妻を仕立てていった。十代で妻となった初子さんは、夫の言うことなすことをすべて正しいと思っていた。そして事件にめぐりあったのである。

函館駅へジーゼル機関車なのにひどく煤けた列車が着いた。夫と歩いていると妹と間違われ、夫の友人が求婚したといわれるほど水上源一に面ざしの似ている女性がおりてきた。

なかなか会う約束の出来なかった人である。上京の折、蒲田駅で待合せて、六時間待って会えなかったことがある。この行き違いを、夫人は「水上がまだ会う時期ではないと言っているのだ」と感じたという。「会いに行く」と繰返し連絡すると、「仕事が忙しくて」といつも同じ返事が返ってきた。そう言われるとこちらもつい弱気になり、のびのびになっていたのである。

観光シーズンの北海道でやっとみつけた函館の宿にくつろぐ頃は、すっかり気兼ねのないやりとりになっていた。

二・二六事件の資料の中で、水上源一に関する部分はきわめて乏しい。同じ銃殺刑になっていながら、かつて陸軍士官であったものと、純然たる民間人では軽重があるかに見える程なのは、民間同志の連帯が脆く、語り残す仲間を持たなかったこと、事件の主導権を軍人たちが握っており、民間人は脇役を演じたことの両面の理由による。自決及び刑死者二十一名のうちで、陸軍士官学校に縁のないのは北一輝と水上源一だけである。

水上源一は二月二十五日夜、麻布霞町の家から歩一へ向い、この日初対面の河野大尉の指揮下に入って牧野前内大臣の逗留先湯河原へ向う。一隊は所沢飛行学校在学中の陸軍航空兵大尉河野寿、歩一第六中隊所属陸軍歩兵軍曹宇治野時参、歩一歩兵砲隊所属陸軍歩兵一等兵黒沢鶴一、民間から予備歩兵曹長宮田晃、同じく中島清治、予備歩兵上等兵黒田昶、それに水上源一、綿引正三を加えた八名から成っていた。

二十六日午前五時を期し襲撃開始直後、河野大尉と宮田晃は警官の銃弾により負傷。計画変更を余儀なくされて伊東屋別館へ放火。女装にかくれて牧野伸顕は逃げのびた。

宮田晃を湯河原の病院へ入院させ、七名は前夜東京から乗ってきた二台の乗用車で熱海の陸軍病院へ向い、ここで河野大尉は胸部盲貫の弾丸摘出手術を受け、三月六日に自決する。残る六人は二十六日中は病院内にとどまり、二十七日に三島憲兵隊へ収容された。

二月二十六日午前二時頃、霞町の自宅で夫の帰りを待っていた水上夫人は、玄関の鈴が鳴るのを聞いた。急いで出てみたが人影はなく、真白に敷きつめた雪の上に足跡もなかった。この時刻に水上源一は軍服に着がえ、同志とともに自動車に分乗して歩一を出発、車は湯河原を目ざして疾走中であった。

子供の寝ている傍でウトウトまどろむ夢の中で前歯が欠けた。不吉な胸騒ぎの残る嫌な夢見であった。悪い予感がした。夫人は秘密書類を帯のしょいあげに包んで背中へしょった上にぐっすり寝入っている子供をおぶい、七輪の火で書類の整理を始めた。

前略

一昨夜は失礼悪からず　俺もお蔭様でやることは遂行した　嬉んでくれ　心配御無用

兄の子供が受験に来たら宜敷く頼む　未だ社会に発表されてないだらうから　国の親兄弟には絶対に知らせては駄目だ。又利雄（兄の子供）が来たら　仕事で地方へ出張中だと申してくれ。（綿引）正三さんも一緒だ

ではくれ〴〵も子供を頼む　　源一

初子殿

便箋一枚のこの手紙の欄外に、

住所　静岡県三島町　三島憲兵隊

と書かれている。水上たち六名が三島の憲兵隊に収容された二十七日は「維新」の曙光が見えるような形勢である。水上たちはかなり自由な扱いを受けていたと思われる。手

紙は郵便ではなく、誰かの手で届けられたらしい。「一昨夜は失礼悪からず」というのは、二十五日夜、ちょっと外出してくる風を装って家を出たことを指す。

三月六日、三島憲兵隊気付で投函した妻の返事は、付箋を付けられて三島町から渋谷区宇田川町の東京衛戍刑務所へ廻送になった。封筒の表には「戒厳司令部査閲済」「許可」「承認済」の判が捺されている。

御身如何で御座いませうか。貴方には怪我をしておいでの様に伺ひましたが事実で御座居ませうか。心配いたして居ります。

自由にならない御身故、何を中上げましても今となりましては致し方御座居ませんが、今後の事をどうしようかと考へて居りますの。長くお帰りにはなれないと存じます故、近日中に小さい所へ越し度いと思ひます。子供と二人きりでは無駄で御座居ますから――家主はうるさいので十五日までのをお払ひいたしました。兄様の所からはなんの手紙も御座居ませんし、試験を受けにもいらつしやいません。

私は貴方の気性を良く知り人格を信じて居りますから決して悪い事をしたとは思つて居りません故、何にも申上げる事は御座居ませんが、唯我儘を言わせて頂けば最少限度の生活の保証をして頂けなかつたのが心細い様で御座居ますの。でも其の事は何んとか解決出来るものと思ひますから御心配下さいません様に……。正三様初め皆様によろしく申上げて下さいませ。

宣子は相変らず元気で遊んで居りますから御安心下さいませ

初子

源一様

二月の月末を控えての事件である。夫のいない家庭へ、家計逼迫の隙間風がたちまちに吹いた。夫まかせの暮しを生きてきた若い妻は、その不安と心細さを正直に訴えている。事件以前にも水上家は食客が絶えず、郷里からの送金で賄いきれなくなると質屋の世話になった。質屋ののれんをくぐるのは夫の役目である。夫不在の質屋通いがいつまでつづくかわからないが、妻はまだ質屋へ自分で行く勇気はない。訪れた知人に頼んで質草を運んでもらった。

水上源一は求刑では禁錮十五年、そして死刑の判決を下された。刑期の長いことは覚悟していたが、まさか死刑とは予期し得なかった。現役の下士官をふくむ湯河原襲撃部隊で、死刑は水上源一ただ一人である。

拝啓　長い間御無音に打過ぎ誠に申訳け御座いません　其の後如何お暮しかと毎日心配致して居ります　先日お前等の事に就きましてMさんにお願ひのお手紙を日大歯科気付にて差上げましたが　御多忙かまだ御返事ありません　しかし賢明なるお前はお前等の後顧の患も考へず今回の事件に参加致しました　しかし賢明なるお前は良く私の心を諒解してくれる事と思ひます
甚だ申兼ねる次第ですが本日（七月五日）東京軍法会議に於て死刑の言渡を受け

ました
　しかし決して歎かずに下さい　私の只今の心境は今年の正月に書初致しました通りです
　決して取り乱さぬ様、人は一代ですが、名は末代迄です　身体は此の世から消るとも魂は必ずお前と宣子の頭上にありて何くれとお守り致します　これより女の手一つで宣子を育てるには幾多の困難に出会ふ事でせうが　何卒宣子を立派に育て上げる様お願ひ致します
　二人の間には不幸にして男子無き故私の意志を次ぐ事出来ず残念至極に存じますが　せめて宣子が生長の暁には私の意志をお聞かせ下さい
　お前も御承知の如く小さい時から母上様には勿論兄上様には非常なる御恩を受けて居ります故　何卒私にかわり母上様兄上様に御恩返し下さる様　今後の事は兄上様とよく御相談の上決せられたし
　宣子へ
　宣子の生れいづる時父は獄にて知らず　今又可愛い時代を見ず天皇陛下の御ため死する
　宣子も又父の顔を幼い故知らずに残念であらうが　写真を見て昔の記憶を呼び起せ

父に逢ひたければ墓場に来たれ　父は嬉んで迎ふ　母は女の手一つで宣子を生長させる故我儘を言はず母の言ふ事を良く守り　立派な女子となり母に孝養せよ　此の書面は最後と思ふが十二分に身体を大切にせよ　私もあの世とやらから初子と宣子の御壮健と御多幸を祈る　もし此の書面が早く到着致したら至急面会においで

先は永久に〳〵左様奈良　御気嫌やう（後略）

水上源一

初子
宣子　様

水上夫妻の第一子は男児であったが夭折している。昭和九年一月三日長女が生まれたとき、父親は救国埼玉挺身隊事件の民間側責任者の一人として入獄中であった。北海道から水上の母が上京して産褥の嫁を世話した。宣子《のぶこ》と命名したのは渋川善助である。水上はお七夜すぎに出獄、帰宅した。その父が銃殺刑になるとき、宣子さんは数え年三つ、可愛い盛りであった。

七月七日、事件後初めての面会から帰宅して、妻から夫への手紙。この頃夫人は毎朝五時に般若心経の筆写を行ない、夫とその同志の心静かな成仏を祈った。写経の中へ畳みこまれて手紙は夫のもとへ届いたのである。

約六ヶ月振りに御逢ひ出来ました時の私の胸中、貴方にはよく御わかりの事と思ひます。種々なる事共を御話し又意中を聞いて頂き度く参りましたのに、思ふ様に申上げえず、女々しくも涙など御見せ致し、申訳なく思つて居ります。

相変らず弱き妻と御思ひで御座居ました事でせう。事実私は今まで貴方の胸にいだかれ切つて居りました。其れ故何時でも御一緒で無ければ心細く、最後の時もかならず御一緒に出来るものと信じ、常から心の用意は致して居りました。此の私の胸中を知るや知らずや——（中略）

霊魂の不滅を信じて、何時も貴方が私の身体内にかならず居ります事と信じて、宣子が一人前になりますまで強く生きて参ります。そして貴方の名前をきづつける様な事は断じて致しませんから決して御心配無く、安心して立派に最後をかざつて下さいませ。

宣子が貴方の子供として恥しく無い様立派に教育出来ました暁は、喜んで貴方の待つて居ります安住の地へ飛んで参ります故、一寸の間御辛抱下さいませ。きつと貴方に喜んで頂ける様な御話を御土産にして御もとに参ります。其の時はより以上の楽しい日々にして下さいませ。今から其の日の来ます事が待遠しくてなりません。

（以下略）

この手紙の最後に妻は「永遠に貴方の妻」と書いた。そのペン字の上へ、墨黒々と

「此の手紙は吾れと一夜を共にせり」と夫は書く。手紙は、夫の遺体、遺品とともに、処刑後、妻のもとへ返されたのである。

昭和拾壱年七月八日

妻より受けたる手紙の返事

我が最愛なる永遠の妻初子よ。汝の胸中聞かずとも我れに良くわかる故に感謝と幸福を感じつゝ我れは喜んで死す。吾が魂は汝等の身体内にあり常に良く守らん。汝のなすべき義務終りたらば、我がもとへ来たれ　嬉んで迎へ共に楽しい日を送らう　それ迄汝の言の如く辛抱致し良きお土産を千秋の思で待つ。義務終る迄強く〱生きて行け。頼む

七月十一日、最後の面会。
別れを告げて面会室を出かかった夫は、顔を遮蔽する白い面布をかぶった。瞬間、その夫の許へ駆け寄って、くちづけした。ささやかな切実なみそかごとを、白いヴェールが蔽いかくしていた。

この面会を終えて、今は処刑の時の迫るのを待つ水上源一の手紙。

我が最愛なる永遠の妻初子

汝の差入物を大変良く食《うま》ました　一つ〱が最後のものと思えば感慨無量だ　最後迄お前の心尽し　永遠に忘れや致しません　深く〱感謝致します（中略）

栗原さんも私も後には吉田兄沢田兄ゐるからこれ又安心
「吉田沢田両兄　宣子初子を頼む」

その内に綿引も出て行く（中略）先は御壮健と御幸福を祈る
夜明けだ　時間も切迫して来た　永久に〳〵左様なら　今日からお前と宣子の元へ帰る事が出来て嬉しい　母様兄様の所へも行く事が出来るのがほんとうに嬉しい
十二日は、暑い日であった。東京衛戍刑務所からの通知が届けられたのは朝。既に処刑は終った時間である。

「水上源一の御遺骸御引取ノ為　本十二日午後二時東京衛戍刑務所ニ出頭相成度」

とあった。水上源一は午前八時三十分処刑。妻が差入れた扇子に、

「我が永遠の最愛なる妻初子よ　義務終りたらば来れ　我れは嬉んで迎ふ　それ迄は強く〳〵生きよ　昭和十一年七月拾壱日　夫源一」

とその前夜に書き、箱に、

「今処刑台に行かんとしそれ迄我手に固く持つてゐたもの　既に栗原さん露と消えたり」

と書き残して刑場へ去る。水上は最後の処刑組に入れられていた。

遺骸は家族へ引渡さず、人型の人形を渡されるかも知れないという噂があった。夫の柩の蓋をとって死顔と対面した後、妻は綿を含んだ口へ指を入れて夫の歯を確かめ、夫

の体徴の一つであった小指の曲りを確認した。夫はよくものを言った瞳を固く閉したままであった。

「わたしと思って下さいね」

その朝切った長い黒髪を夫の胸に抱かせて別れを告げた。霊柩車の暗い車内に夫の柩を守ってたった一人火葬場へ揺られてゆく。暑さは容赦ないが、体中の水が涙になったように烈しく頬を伝う。誰に遠慮もいらない夫と二人だけの密室を、妻のむせび泣きが満たしていた。

火葬場から帰っての記念の写真がある。

霞町の家を引払った後のアパートの一室に、黒絽の喪服を着て体がかくれそうな夫の遺骨を抱いた初子さんと、白い段々のフリルのついたよそゆきを着た宣子さんとの写真である。若い未亡人の双つの手がしっかりと遺骨を抱いているのが暗示的でさえある。

東京の世帯を畳み、調度類を夫の郷里へ送る作業は、すべて夫の親族が面倒をみてくれた。死に直面している夫に対しては、健気な覚悟を示した妻ではあるが、遺骨を前に茫然としていた。

夫の郷里の町で葬儀を営み、八月が足早に去って行く頃、風が秋の近いことを知らせた。処刑までのやりくりで衣類もほとんど手放している。やがて来る厳冬に備えのない現実が、風の変化のなかで、萎えかけた心を鞭打った。子供が成長するまでの仮のいのちとだけ考えて前途を思ってもみなかったが、涙と追憶だけでは冬の寒さはしのげそうもない。

上京して生きてゆく技能を習得したいという夫人の希望を、水上の長兄が認めたことは、倖せであった。亡夫の千円の生命保険金の中から、学資と生活費とタイプライター購入の費用などが賄われることになる。

子供は可愛いカタコトで母に話しかけるのを覚えたところであった。あどけない子供の表情に後髪を引かれながら、子供を置いて夫の生家を出る日、子供には別れは告げなかった。南下する列車の通る踏切に、嫂に抱かれて無心な宣子さんの姿が見えたときは、思わずデッキから振落されそうになった。

夫は処刑前の面会で、宣子に手がかからなくなるまでの当座の生活費は同志某の夫人に預けてあると語った。おなじく未亡人となった夫人は、夫に委託されたものがあると一度は告げたが、それは水上夫人の手には渡らなかったのである。もしそれがあれば、母と子が離れ離れになることもあるまい。遠ざかってゆく子供の姿をデッキから身を乗出して追いながら、夫人は生まれて始めて人を恨む感情をしたたかに味わっていた。

東京では食事つきの三畳の下宿を借りて、タイプと速記の学校へ通った。速記は新聞記者志望の年来の望みをかなえるため必要と考えてであった。タイプの技術習得の半ばで仕事をとって働きはじめ、やがて丸の内の会社へ就職したが、お抱え運転手と車つきで一軒家を買ってあげよう、などという甘言が一人暮しの若い女性に忍び寄る。過労で肋膜を患い、微熱のあるまま勤めをつづける女性をくみしやすしとみたのであろうか。生きてゆく自信を失いかけたのもこの頃のことである。会社をやめてアパートの一室を事務所にして、タイプ印刷の看板を掲げてからも、仕事にかこつけた執拗な誘惑はあった。夫の恩師である老弁護士宅へ一番電車で行って、玄関先でわっと泣いたこともある。

満州へ行こうという決心は、東京の煩わしい生活の自然な結論であった。断髪して洋装の未亡人に「喪服に珠数をもって暮しなさい」と言った将官夫人もある。そういう雰囲気に順応しきれない若い生命力が、夫人を新しい生活へとふみきらせた。

夫の家郷では「悪い妻をもったせいで水上源一はあんな死に方をした」という囁き声も耳にした。夫が死後の家族の杖になってくれると頼んだ「同志」たちは、事件後ぱったり姿を見せなくなった。娘を育て母としての義務を終えたら急いで夫の許へ去ろうという誓も、実人生の圧力の中で次第に変型せざるを得ない。女として一人の人間としての復権がその変化のあとへ忍びよった。

東京へ単身で出て来てすぐ、初子さんは小さな仏壇を注文して造らせた。抽出しに処刑当日渡された夫の遺書や記念の品々を納め、夫の位牌をまつった。

携帯しやすいその仏壇をもって渡満したのは昭和十三年である。新京に本部のある警務庁のタイピストとしての就職で、諜報を主任務とする職場である。最初の配属先は熱河省承徳、ゲリラ地帯に隣接する土地である。暗号の習得、「匪情」報告の機密書類をタイプで打ち、必要数だけ複写をとるなどの仕事に従事した。一度はホームシックにかかって東京へ戻ったが、やはり東京に長くはいられなかった。女スパイ「マタ・ハリ」に憧れて秘かに志したというのもこの頃である。職場は北京、上海へと移り変った。

昭和十五年、早生まれの宣子さんが小学校へあがる年には、大陸での生活も安定した。子供は父の兄の妻を「お母さん」と呼んで育ち、母親の顔は忘れていたが、別にほんとうの母親のいることは知っている。宣子さんは婦人雑誌の防虫剤の広告に使われている和服の女性を母親と思いこんで、寂しくなると雑誌を繰っては「産みの母」に会っていた。

上海から娘を迎えに来た母親は、帽子をかぶり、洋装にハイヒールの流行の服装をしていた。別れた時三歳、すでに七歳の子供は「この人はお母さんじゃない」と言って寄りつこうとしなかった。「ちょっと遊びに行こうね」とだまして汽車に乗せてからも、座席の端にくっついて「うちへ帰る」と泣く娘に、母親も泣き出しそうであった。

南京で小学校へ入学してからも、子供は決して「お母さん」とは呼ばず「あのひと」と表現した。「ママ」という呼び名は母と娘の折合った苦肉の策である。夫が生きていたら「ママ」などとは呼ばせはしまい、そう思いながら夫人が選んだ呼び名である。

戦争の激しくなった昭和十八年に、夫の郷里へ娘を疎開させるため、身の廻りの荷物だけもって日本へ帰ったが、ふたたび大陸へ渡る機会は来ず、転々としたのちに夫人は北海道に落着いて、現在に到っている。

宣子さんは結婚して三人の子供がある。幼い頃のことを知りたくて、戸籍謄本にある出生地西神田二丁目あたりをさまよったこともある。二・二六事件の法要には出席するが、父が実際になにをした人なのか、よくわからないところもある。中国では母と一緒に暮したが、帰国後はまた北海道の伯父のもとへ預けられて、母との縁は薄かった。

昭和二十一年春、女学校進学の身上調査の家族の欄に「母二人、きょうだい四人」と育ててくれた伯母を「母」と数え、いとこたちを「きょうだい」に数えて記入するように育ってきて、父の死についてはなにも知らされていなかった。片親の子のような影がないと言われたのは、変則の境遇に順応する素直さとも言えるし、子供心に諦めもあったのではないだろうか。

宣子さんが東京へ嫁ぐとき、母親は一通の長い便りを書いてもたせたかったと花嫁の高校時代の級友に洩らしている。しかし手紙は書かれなかった。「ママの書きたかったこと」を、子供を持った今、宣子さんはあれこれ推測してみる。

函館で水上夫人と会った夜、マッサージの人を呼んだ。二十歳そこそこの娘さんは、水上夫人の肩に触って、とてもほぐしきれないと音を上げた。肩こりの理由であるその仕事の場をぜひ見たいと思ったが、生活のある町を訪ねるよりは、函館で会うことが夫人の希望であった。

夜更けまで遠慮のない会話を交したあとで、夫人はいたずらっぽく「恋愛したこともあるわよ」と言った。「噂を聞いて知っているでしょう?」とも言った。夫人が当時の女性としては自由な生き方をしたという話は、私も聞いている。「恋愛しても当り前じゃないですか」と言うと重ねて「再婚だってしてるかも知れないわよ」とさらに悪戯っぽく言った。

翌日別れるとき「もうなにもかくしていることはないわ」そう言ってO町で汽車をおりて行った。

それから二ヵ月余りたった。

水上源一が最後に妻に送った手紙の写しが送られて来る約束だったので、時々北海道と電話で話しながら、気長に待ったが、原稿を仕上げなければならない期日が迫ってきた。台風の雨の夜、事件の他の未亡人を訪ねて帰って来て、「最後の手紙は使わないで書くから」と電話をかけた。「月末の忙しい時期を通りすぎるまでもう少し待って」と電話の声は言った。そして、原型のまま郵便で送るには具合の悪い形のものもあると言った。遺書が複数であること、その中からひとつを選ぶ困難さのために約束がのびのびになっていることをやっと諒解した。それなら明日そちらへ行く、そう私は早口で言った。やっと見せてくれる気になった資料に目を通しもしないで、適当な推量でお茶を濁すことは嫌であったし、今まで同志宛の一通の手紙が活字になっているだけで、なにも資料のない水上源一のために、その遺品をみることはどうしても必要なことに思えた。一人娘の宣子さんも、父の遺書を見たことがないというのである。翌日の最終便で千歳へ飛んだ。九月末の札幌は雨のせいもあって吐く息は白く、晩秋のたたずまいを見せている。札幌で一泊して翌朝O町へ向った。

改札口で、セーターにスラックス姿の初子さんはおりて来る旅客をみつめていた。「こんにちは、来ました」そう言いながら私は近づいて行った。

「配達に使う車だから汚れているわよ」「大事なひとを乗せているから慎重に運転するわ」ゆっくりした口調で言いながら夫人は静かにアクセルを踏む。「この町へ初めて来たときはこんなに賑やかじゃなかったのよ」駅前通りを走りながら、前方をみつめたまま言う。通りはたちまち終った。

汽車の窓からお寺の建物が見えたことを話したところ、「最初にお寺へ寄ってみる?」と言う。思いがけないことであったが、水上源一の遺骨と間近かに対面することになった。野菊が名残りの花をつけている本堂横から、納骨室へ入る。正面の位置、素透しの硝子扉の向うに源了院剛心日行居士と金泥で書かれた位牌と、確かに大きい骨壺とが安置されている。その傍には水上夫妻の長男の小さな遺骨が置かれていた。扉を開いて香を焚き、合掌した。

その前に佇んで「なぜ事件に参加したのか、私には理解しにくい……」「そう？　わたしは責める気持はないわよ。ただ、あとのことをもう少し考えてくれたらよかったと思うの」などと話し合った。白絹の布に包まれた骨壺は生ま生ましい感じがする。「水上さん、あなたはいま、あの事件をどうお考えですか」合掌しながら私はそう問うていたのである。

本堂へ上ると、大きな太鼓が据えられていた。

「ママは、なにか辛いことがあると、お寺へいって太鼓を叩くのよ。上手よ」

と言った宣子さんの言葉を思い出した。その話を夫人にしてみた。水上の姑に習ったものので、胸の中でとなえる南無妙法蓮華経のお題目にあわせて叩くだけだけれど、自然にリズムにもかなっているらしいと言って、大太鼓の前に正座すると、二本の太いバチをとった。

天蓋の瓔珞《ようらく》が響きに揺れるほど強い音である。このリズムを遠く御会式《おえしき》の万灯が通り過ぎるとき聞いた記憶がある。太鼓を叩きながら迫力のある音響の中でお題目を繰返して、このひとはなにを祈るのだろう。小柄で華奢な骨組みを後ろからみつめながら、私は書くことを封印されているあれこれを思わずにはいられなかった。

急に太鼓の音が止んだ。

「涙が出てくるからもうやめるわね」

さっぱりした口調であった。

車は大きな木が二本植えられて門の形をなしている一角へ入って止った。車をおりるともう動物の臭気が漂う。屋内体操場ほど広さのあるところに、五千羽の白色レグホンが飼われている。一番向うの列のところで作業している人がY氏であると言う。そばへ行って挨拶する。かなり長身な優しい眼をした人である。この二十五年間、初子さんと一緒に養鶏事業を営み、苦楽をわけあって来た人である。

鶏舎の中は、鶏糞のにおいと鶏の体臭であろうか、かなり強くにおう。卵はベルトコンベアのスイッチを入れると自然に運ばれる仕組みになっていて、鶏たちはさも忙しそうに金網越しに溝へ頸を突込んで、休む間なしに餌を食べている。一日の平均産卵数は四千個をこえるという。

隣の鶏舎は若鶏の養成中で、雛からやっと親鶏に似てきたばかりの若鶏には、まだ生活を知らない若々しさ、汚れなさがあった。五、六百羽かと思って尋ねてみたら、千二百羽という答である。

仕事場につづく住いへ案内される。ストーブが焚かれ、蠅とりリボンが何本もさがっている室内に、かなりの数の蠅が遠慮会釈もなく飛びまわっている。

ここでは養鶏のほかに配合飼料販売の代理店も兼ねていて、注文が来るとクレーン車が大きな飼料袋を積んで出動する。ベルトコンベアに乗ってきた卵の選別は機械と人間の共同作業である。重さによって一つ一つの卵がそれぞれにしきりの中へ転げこんでゆく。カチャン、カチャンと規則的な音の中で仕事は手早いが、なかなかの労働量である。仕事をするY氏の後からついて歩く。「あの白い花は何ですか?」「むくげ」「あれは?」遠慮のない急造の弟子に「ここは自然植物園でなんでもあるよ」面白そうにY氏の眼は笑っていた。

仕事に区切りがついて、夕食が始まったのは九時半過ぎていた。海辺の町だが、今日は海がしけていて、海の幸には恵まれない日だという。夫人が配達の帰り途に町の鮨屋から運んだ握り鮨は、ねっとりと甘味のある海老の活きづくり、北海道でしかとれない北寄貝《ほっき》など、東京の人工的な味に馴れた者にはきわめて新鮮な味覚であった。

お茶を淹れるのはY氏の仕事である。馴れた手つきでお茶の葉をとりかえ、香りの高いお茶を黙って注いでくれる。Y氏の手がひどく荒れているのを私は見るともなく見ていた。労働する人の手を見るのは久しぶりのことである。粉をふきそうに荒れて、節くれだった手である。反射的に初子さんの手を見る。その手は滑かであった。

女の年齢は首筋と手にあらわれるという。初子さんは年齢を知らない瑞々しい表情をみせている。率直で物怯じしない言葉も若い。苦労は経験したであろうが、庇われ大切にされて生きてきた人の豊かさがたっぷり溢れそうである。飾らず悪びれない会話は、現在の生活への自信、幸福な充足感から自然に導き出されているのを、この夕餉の食卓で実感した。

Y氏は醤油が足りなくなると、神経痛で曳きずりぎみの足で気軽についとたって台所へゆく。晩酌の一杯も初子さんの手はわずらわさない。仕事をもつ女性としてごく自然にいたわられている様子を、美しいと思って眺めた。初子さんも当然なことのように気にもしない。年下のY氏に頼りきっている。ゆっくり晩酌を愉しむY氏の、関東軍兵士としての体験を聞きながら、都会暮しの私の方が余程すれていると私は愧じていた。Y氏の表情に青年のようなはにかみがときどき浮かんでは消えた。

「俺たち、ここでは異端者だったからね」

気負いもなく言った言葉の中に、この二十五年の苦闘が裏打ちされているのを感じる。異端者の苦しみから、こんなにもこまやかな人間関係が生まれたのである。

孤独な心と心が寄合う出発から、担保も他人の保証人もなしで多額の融資を受け得る実績を二人の労働と人柄が築きあげてきた二十五年であった。もはや二・二六事件の影はない。当分借金に逐われる話題もたのしい話であった。

建って七十五年以上経っているという頑丈な家屋の、奥の客間の四枚の襖を開くと、Y家代々の大きな仏壇が飾られている。七十五年以上経っているという建物は、柱も太く、欄間はちょっとした美術品のおもむきがあった。Y家の仏壇のとなりに、初子さんがどこへ行くにも持歩いた小さな仏壇がある。水上源一によく似た弟の写真が飾られている。

生きる自信を見失いそうになった若い未亡人を助けた義弟である。その抽出しの中に水上源一の遺書が収められていた。「皇民一体」「天皇御親政」「忠ならんと欲すれば孝ならず　孝ならんと欲すれば忠ならず」と肉太の筆で書かれた巻紙、故人の軍隊手帳などもある。この手帳で、日大大学院の籍がなくなった昭和十年に水上が教育召集を受けていることがわかった。兵科は電信兵、階級は二等兵、近衛師団所属である。靴の文数が十文三分などとも記入されていた。軍人勅諭が主体のこの手帳を、仮の軍服を着た夜、胸ポケットに入れて事件に参加したのであろうか。

そして偶然なことに、私が訪ねた日は水上源一の六十三回目の誕生日であった。「誕生日だったの……。やっぱり水上が呼んだのかしらねえ」と初子さんは目をつぶった。すぐ目をあけると「忘れていてごめんなさいね」と謝ったのだという。

そう言えば、外出するとき、水上に「私のこと守ってね」と祈って出かけるのだと函館で聞いた。沈黙の対話がまだつづいているのである。水上源一を忘れ去った日はおそらく一日もあるまい。しかし、死者との対話だけでは生きている人間の生活も心も充しきれないのが現実の人生でもあった。

ここは水上源一の故郷とは海つづきの町である。この土地に住みつき、養鶏事業に半生をつぎこむ人生など考えたこともなかったが、二十五年を振返れば、前世からの約束事であったようにも思えてくるという。

「ひどい苦労をした二人だけれど、苦労した甲斐があった」そう言われる程、長生きしたいと二人とも願っている。夜、Y家の窓の向うは黝々《くろぐろ》とした原野になる。初子さんは暗闇恐怖症である。夜中に用にたつとき、旧家の広い家の中を初子さんは一人ではゆけない。それでY氏を起こしてついてきてもらうのだという。闇への恐怖に共鳴し、お伴をたのむ人のある暮しを羨む私と初子さんのやりとりを、Y氏は微笑して聞いていた。

この歳月、重病で危篤になった初子さんを助けようと、札幌の医師に診せるため、病人を背中に負うて札幌の街を歩いたのはY氏である。水上家から水上源一の遺骨を受けとって来る初子さんに同行したのもY氏であった。

「ひがまないで生きて来て、よかったと思うわ」

夜もふけて、ストーブの火が絶えると寒さのしのびよる部屋で、初子さんはこう語り、「好きなように自由に、一生懸命生きて来たからかも知れないわね」と笑った。そして一度は固く封印した現在の生活を書いてもいいと言った。しかし、それは二・二六事件の妻のイメージを傷つけ、非難されるものかも知れないともつけ加えた。

自分の力で生活を築いて、死者をも生者をも尊重するぎりぎりの知恵が現在の生活の形をえらばせている。二・二六事件の残影の中にありながら、新しい人生を生きた一つの姿がここにある。その根強い生活力は教訓的でさえある。月のない夜は、隣りにいる人の姿もわからない漆黒の原始の闇に還る原野に、二十五年生きつづけるのは容易なことではない。ともに働き、水上源一への供養をいたわりをもって見守るY氏を得たことは、どれだけの実りを初子さんの人生にもたらしていることだろうか。

死者は年老いはしないが、生きていれば六十三歳になる死者には六十代の分別があるように私には感じられる。水上源一は、故郷の道南訛りをすっかり身につけた妻の幸福を一番よく理解するのではないだろうか。

未亡人となった日からY氏とめぐりあうまで、どんな恋の彷徨があったのか、詮索するのは無意味なことである。

冬が来ると、雪は一メートル五十も降り積るという。鶏は寒さに強いので特に暖房の必要はない。その鶏舎で終日働く人にとって、冬は想像以上にきびしい季節であろう。

暗い北海の色は、荒涼として朔北の風の吹く日を予告するかのようである。その冬を幾十度も切抜けて心を温めあって生きる二人に、私は長い間求めつづけてきた答をようやく見出したように思えた。

あとがき

私にはあの雪の事件当時の印象はない。まだほんの子供だったし、満州という事件の中心から遠くへだたったところに暮していたせいかも知れない。

その私を二・二六事件に結びつけたのは、五味川純平氏の『戦争と人間』資料助手の仕事である。本文中にも書いたように、これほど深入りすることになるとは思ってもみなかった。事件を昭和史の不幸な転換点と考え、青年将校の思想とはおよそ対蹠的な傾向をもつ私を、なにがこれほどまでにひきつけたのか。資料を調べ取材を重ねながら、繰返し自分自身に問う思いであった。

青年将校たちの「悲劇」は、一言で言ってしまえば、もっとも激しい形で現われた天皇制内部の矛盾である。しかし、磯部浅一の獄中手記に代表される遺稿には、現象を超越する凄まじい執念と怨念がある。十余人の妻たちは「叛徒の未亡人」という重い荷物とともに、この烈しい感情を託されて生き残った。

妻たちのその後の消息を知りたいと、何年越し考えてきて、昨年の夏、巡礼のような行脚をはじめるとすぐ、私は己れの感傷や甘い主観の通用しない世界に直面した。死んだ磯部登美子のように、夫の分身となって事件後の葛藤に身を投じ、命を燃えつきさせてしまった妻もいる。しかしほとんどの妻たちは、事件に対して受身のまま、今もなお事件の引合いに出されることを怖れ、閉された境遇にひっそり生きてきていた。

佛心会の河野司氏の紹介がなかったら、私は妻たちの所在も確かめ得ず、逢うことも拒否されたのではないかと想像する。短い結婚生活と、三十年余の未亡人としての人生。そこには、忍耐だけが時を刻んだような妻の姿もある。

訪ねあててようやく会ってからも、今さらなにも語りたくない、そっとしておいてほしいという妻たちの切実な思いが、痛いように感じられた。怯えの色さえ見出したこともある。語《かた》り部《べ》になろうなどと、大それた望みをもったけれど、とても私の任ではない、そっとしておくべきかも知れないと、幾度かためらい、断念しかかったこともあった。

そういう私を未亡人たちへ近づかせたのは、かつて編集者として様々な人に会った経験と、四十代にかかろうという私の年齢であったように思う。そして、このテーマを書こうとした動機と密接なつながりをもつことなのだが、沈黙し耐えている人間の内側にある感情――、嘆き、痛み、憤りを、他人事《ひとごと》ではなく感じるような人生遍歴が私にもあること。それが、とぎれがちな妻たちの言葉をつなげてゆく作業を助け、補ってくれた。その結果が十分であるか否かは別として――

連座して死んだ男たちの遺稿のうち、事件の核心にふれた主なものは、河野氏の三十年来の苦労の結晶として、近刊『二・二六事件』にまとめられている。そこから引用させていただいた遺書も多い。その他の未亡人たちが秘蔵してきた私的な資料のほとんどをここに収録した。

事件の〝青年〟たちは、私からは父の世代に属する。未亡人たちは年下の私とも次第にうちとけて、長い年月の幾変遷や胸中をひかえ目な語り口で語りはじめた。この人たちをこれ以上傷つけたくないという思いが、妻たちの物語を書く私を縛り拘束しがちであった。私はときには歯を嚙みしめながら原稿を書いていたらしい。歯がすっかり浮いてしまったこともあるし、私とはまったく異質な生き方を辿りながら、理由もなく涙が流れたこともある。

ようやく原稿を書き終えて、いったい自分がなにをしたのか、とても心許ない気持におそわれる。こんなに自信のない文章ははじめて書いたような苦い思いもある。私にとって最初の本だからだろうか。今はただ、二・二六事件資料の空白の頁であった妻たちの存在が、二度と繰返されてはならない事件の一側面として、心ある人々に受けとめられることを祈りたい。

この仕事の最初のきっかけを与えられた『歴史と人物』編集部、「解釈は多様、事実はひとつである」と、あらゆる便宜を惜しまれなかった河野司氏、そして未熟な私の問いかけに応えてくださった〝事件の女性たち〟に、心からお礼を申し上げる。
最後に、わたくしごとになるが、二回目の心臓手術が必要であったほど、身も心も病みはてていた私を救い支えてくださった方たちへ、この物語を、再起のささやかな報告としておくらせていただきたいと思う。

一九七一年十二月

改めて思うこと——新装版に寄せて

二・二六事件から八十一年になった。この本を書いた当時は、まだ解明されない部分が多くあったが、いまではもう、この事件を知る人さえすくなくなったと思う。

生まれてはじめて自分の本となる原稿をかかえて、京橋の中央公論社へ行った日のことをよくおぼえている。

タクシーは皇居のお濠端から二重橋前広場を左にみて、京橋へむかう。

お濠の緑の土手に、燃えるような彼岸花の一群れがあったのを忘れない。

そのときにはまだ、五味川純平氏の『戦争と人間』の助手であった。『婦人公論』の編集部をやめて、九年の時間が過ぎていた。

最初に「そろそろ書いてみたら」と言ったのは亡くなった粕谷一希氏である。当時氏は『中央公論』の編集長だった。

編集者時代、自分の文章を書こうという気持をもったことはない。

最初の心臓手術のあと再発して、一月の寒夜、印刷所の構内で失神したのをさかいに、私は会社をやめた。

これから文章を書こうという考えなどはまったくない。明日からの生活になんの計画もなかった。ひどい心臓喘息の発作に苦しむ私に、「もうやめたら」と言ったのは、私が支えてきた母である。「あとのことはどうにでもなる。死んではおしまい」と。

そのあと、私は五味川さんに「ひろわれた」と思っている。編集者としての私を認めてくれたとしても、「戦争の昭和」を小説で書こうという人の助手に、私が向いているかどうか。大体いつまで生きられるかという目途さえなかった。

約一年の準備期間に、猛烈な勉強をした。以後、神田の古書市の常連になって、手に入れにくい昭和の関係書を買いあさった。公刊されていない「特高月報綴」や図版による全国空襲被災地の記録、「秘・陸軍士官学校卒業人名簿」、永田鉄山（死亡時陸軍軍務局長）筆といわれる「国家総動員に関する意見」など。これらの資料は、希望者が多いから、くじびきになる。私はくじ運がつよかったのか、多くの資料を入手できた。

「勉強」の土台になったのは、昭和二年からの新聞縮刷版を読むことであった。一ヵ月分ずつが縮刷になっている。第一面からはじめて、社会面まで、広告もふくめてまずくまなく読み、朱線を引き、必要と思う記事は全文書きうつした。一ヵ月分に四、五日はかかったと思う。

私の手書きの資料をも参考に、五味川さんは小説の土台を作った。当時の満洲の匪賊が、銀貨を割ったものを彼我がもち、つきあわせて相手を確認する割符・手形の話は、『戦争と人間』のひとつのシーンになっている。

現在の「朝日」と「毎日」は、大阪で発行された縮刷版が主流で、昭和二十年には縮刷版は作られず、紙質の悪い当時の新聞を使った。新聞縮刷版で私は昭和を丸ごとたどった形だ。

二・二六事件は調べぬき、いつなにを訊かれても即答できるような日々があった。いまでは想像もできない遠い遠い日のことである。

戒厳令下の特設軍法会議は、一審即決（上告なし）、弁護人なし、非公開である。なにひとつ声の伝わらない獄中の男たちの手書き（墨筆）の文章が、遺族に届けられている。

看守のなかに同情する人がいたためで、あるケースは地中深く埋められ、戦後、年をへて発見されたものもある。

事件の五十余年後、主席検察官であった匂坂《さきさか》春平（昭和二十八年没）の秘蔵していた全資料が公開される。NHKテレビの中田整一プロデューサーの根気のいい説得が、御子息の哲郎氏を動かし、公開に至る。

私はこの資料（匂坂検察官の聞きとり手書きメモをふくむ）を読みぬき、テレビにも出、『雪はよごれていた』（日本放送出版協会）を書きおろした。

二・二六事件は、無残な要臣殺傷と、陸軍中枢のかつてないみにくい暗躍と抗争を示す。有罪理由となる「奉勅命令違反」は、銃殺刑になる男たちへ達せられていない。命令は即天皇の命令という暗喩が二転三転して使われ、法廷では兵営を出た瞬間から、叛徒であるとされた。

流血の恐怖の刈入れは、鎮圧側の軍人によってなされ、果てもなく戦争への道を辿ることになる。

私は叛乱に反対の立場ながら、事件経過に納得しかねていた。帝国陸軍が永久に秘匿した大将をふくむ軍人たちの矛盾の多い行動を、匂坂春平資料は明らかにした。生き残った関係者たちが書いた歩兵第五連隊の「進言」もここにある。署名捺印の連判状で、半世紀、知らされずに来た。この師団（第八師団）に秩父宮が勤務中であった。

「雀になりたいなあ‼」と獄中で書いた竹嶌継夫には、世間に知られない男の子があった。その母の人生。父渡辺錠太郎の死の刻々を九歳で見ていた和子さんのことも、『完本昭和史のおんな』の一章に書いた。

『妻たちの二・二六事件』は、事件から三十五年というときの仕事である。泳ぎをまったく知らない人間が、大海に身を投じるような助手の仕事からこの本は生まれた。

いま読み返すと、五味川さんの助手として名を伏せて註を書いた名残り、男性の発想と文体を感じる。いま、こういう文章を書く人はないだろうし、私自身、二度と書けない文章であると思う。なつかしくいとしい一冊となった。

二〇一七年十月

澤地久枝

解説

中田整一

二・二六事件から八十年余の歳月が経つ。

かつて私は、二・二六事件の二つの極秘資料をスクープし、NHKで二本の大型ドキュメンタリー番組を制作する機会を得てきた。事件の関係者を取材してきた一人として、先駆的なノンフィクションの『妻たちの二・二六事件』には、立ちはだかる取材の困難を乗り越えて問題の本質にせまる人間観察の鋭さと、時代と事件を洞察する歴史眼の確かさに幾度となく驚嘆させられた。後に二・二六事件の同じ道をたどった私には暗夜を照らす一灯となった。

澤地久枝さんは「あとがき」でこうのべている。「訪ねあててようやく会ってからも、今さらなにも語りたくない、そっとしておいてほしいという妻たちの切実な思いが、痛いように感じられた。怯えの色さえ見出したこともある。語《かた》り部《べ》になろうなどと、大それた望みをもったけれど、とても私の任ではない、そっとしておくべきかも知れないと、幾度かためらい、断念しかかったこともあった」。志をたがえて天皇の逆鱗にふれた事件の青年将校たちは、断罪され暗黒裁判で銃殺刑に処せられた。市井に息をひそめて暮らす妻たちを全国に探し歩き、その後の人生を追い求める全調査の作業など並大抵の仕事ではない。徒手空拳の取材の苦労は想像を絶するほどだったに違いない。

それでも『戦争と人間』の五味川純平氏の資料助手として培った力量と才能とが、二・二六事件の古典的名著となる処女作を書き上げた。澤地さんの熱い思いには「このテーマを書こうとした動機と密接なつながりをもつことなのだが、沈黙し耐えている人間の内側にある感情――、嘆き、痛み、憤りを、他人事《ひとごと》ではなく感じるような人生遍歴が私にもあること。それが、とぎれがちな妻たちの言葉をつなげてゆく作業を助け、補ってくれた」と、自らの人生に重ねて妻たちの苦難に寄り添う深い共感があった。

二・二六事件と私の最初の出会いは、一九七二年（昭和四十七年）に『妻たちの二・二六事件』が世に出た六年後のことである。事件の最中に戒厳令下の戒厳司令部が青年将校ら叛乱軍や軍首脳、事件関係者の電話を盗聴録音した四時間半に及ぶ二十枚の録音盤を発掘したことによる。音盤は事件終息後に幾多の流転を経て、戦後、ＮＨＫの放送文化財ライブラリーにひっそりと埋もれていた。その中には男たちの声に混じって突如事件の渦に巻きこまれた女性たちの緊迫感みなぎる肉声も残されていた。首相官邸で指揮をとる青年将校の中心人物、栗原安秀中尉に連絡した女性の声もその一つである。盗聴を警戒して名前を名乗らぬので女の正体はわからない。録音盤の声の主を探していた私は、ふと『妻たちの二・二六事件』の澤地久枝さんに思い至った。

早速、澤地家に録音テープを持ち込んだ。流れ出した音声に耳を澄ました澤地さんは「この声は西田さんではないかしら?」と、たちまち声の主を聞き分けた。目の前で取り上げた受話器ですぐにはつさんに確認をとった。電話を通した二人の会話には四十二年前の雪の日の遠い記憶が蘇っていた。『妻たちの二・二六事件』以来の相手との信頼の深さが垣間見える光景であった。

〈西田はつ　聴き書き〉の章に登場する主人公は、北一輝と運命を共にした西田税《みつぐ》の妻であり、晩年にいたるまで逼塞《ひっそく》の人生を送ったひとだった。

「夫を喪いましてから、人混みの中を歩いておりますときなど、大勢日本人が歩いているけれど、夫を銃殺された妻など一人もいるまいと思いますと、歩きながら後から後から涙が伝い落ちたものでございます」

この一章だけがはつさんのインタビューの〈聴き書き〉をそっくり使用してある。

事件での西田税の立場や行動、騒ぎに翻弄された妻の揺れ動く心理を聞き出して当時を見事に蘇らせた。彼女はそれに応えるだけの記憶力と慎みのある、奥深い話のできる語り部だった。二月二十六日の出来事が生涯を規定した。それからのはつさんは事件に固く口を閉ざしマスコミに出るのを絶対に避けてきた。私は録音盤の声の主の取材をすべく、澤地さんたちの力を借りて難渋な説得を繰り返した。そしてやっと承諾の返事を得たのである。それだけに妻たちの取材に先鞭をつけた作家の苦労は十分に納得ができた。〈聴き書き〉は面談した私のときと同じく実に表現力豊かで、情趣に富む話もそのままである。東京・中野の小さなアパートの一室で住所を明かさない約束で和服姿のはつさんはテレビの撮影に応じてくれた。彼女のしみじみとした口調と事件への悔恨の思いは、今も脳裏から消えることはない。はつさんはきっぱりとこう言った。

「北（一輝）先生と西田は、二・二六事件の首魁として死刑になりましたが、事件の現場へ一歩も近づいておりませんし、事前の計画にも参画はいたしておりません」

これが事件の真実である。裁判で北と西田は、軍首脳が裁かれるべき部分の身代わりとされ一方的に断罪されたのだ。判決の裏では陸軍大臣の裁判官への極刑の示唆があった。

別れ際、はつさんは問わず語りにつぶやいた。「二月と七月はいやでございます」二月は事件、七月は青年将校ら十五名が処刑された月である。北一輝と西田税は、事件の首魁、青年将校の思想的扇動者とされて一年後の八月十九日に銃殺刑に処せられた。

もう一つ、事件と私の関わりは、緊急勅令で始まった東京陸軍軍法会議の検察側の責任者、主席検察官の匂坂春平が自宅に秘蔵していた二・二六事件の極秘の裁判記録である。二個の軍用柳行李に納められ全部で六百三十点におよぶ膨大な資料の九割が未発表のものだった。

一審即決、非公開、弁護人なしの軍法会議で歴史の闇に葬られた裁判資料が永い歳月封印されていた。匂坂は、家族に五十年間の厳重な秘匿を遺言して一九五三年に世を去った。私が匂坂資料の存在を知ったのは録音盤をもとに「NHK特集・戒厳指令…『交信ヲ傍受セヨ』二・二六事件秘録」（一九七九年）を放送した直後である。テレビを見て東京・世田谷の匂坂哲郎氏から、自宅に父春平の軍法会議の記録を保存している旨の突然の電話を受けた。その中に「電話傍受綴《つづり》」と題した、録音盤の会話を一字一句書き起こした一冊の綴りがあることで名乗り出る決心をしたという。綴りには二十枚の録音盤をはるかに上回る他の盗聴記録も残されており、事件の闇の深さを思わせた。

電話の傍受は北一輝と西田税の通話が最も多かった。軍法会議で北と西田を裁く証拠資料の一つとされていたのだ。音声には、北一輝の名をかたって赤坂の料亭「幸楽」に立て籠もる叛乱軍の安藤輝三大尉に「カネはあるか、マル、マル」と、資金の援助を唐突にもちかける、まるで北が事件の黒幕であるかのような胡散《うさん》臭い電話もある。後日「電話傍受綴」と照合すると東京憲兵隊がかけたニセ電話だった。北と青年将校の関係をでっち上げたのである。

私は匂坂氏に八年越しの説得を続け、一九八七年、ようやく資料公開の許可を得た。事件から五十年を超えていた。この時、わが手に余る資料を前に事件解明の共同作業を持ちかけたのが澤地久枝さんである。

澤地さんは一年の歳月をかけて資料を読み解き、『妻たちの二・二六事件』で提起していた事件の謎を次々と明らかにしていく。

「事件の四日間、軍中央がとった処置は因循姑息な謀略に終始している」と、いち早く指摘していた欺瞞と謀略の証拠の数々が柳行李の中に眠っていた。叛乱軍を欺くために陸軍上層部がかかわった近衛師団への重要証拠の改竄《かいざん》もわかった。

匂坂資料の中で、匂坂検察官が鋭い視線を注いでいたのは事件の核心となる「陸軍大臣告示」の下達時刻と内容をめぐる問題である。重臣らを殺傷した叛乱軍に正規の警備部隊としての地位を与え、二十六日午後、軍事参事官ら陸軍首脳が宮中で合議し、三時二十分に下達した青年将校らの「行動」を認める陸軍大臣の「告示」である。これで青年将校たちはクーデターの成功を確信した。だが事件後に軍中央は「告示」は皇軍相撃ちを避けるための「妙なる謀略」であったと言い逃れる。軍隊の統帥を根本から覆す詭弁である。

澤地さんは連日の徹夜も厭わず匂坂資料を夜明けまで読みふけった。この時の後姿は〈過去への旅　現在への旅〉の一章を書くために水上源一の遺書を求めて北海道の未亡人の元へ再び駆けつけた時のように、最後の一行まで仕事をおろそかにしない執念と誠実さに重なって見えた。過去の残影を胸に現在の伴侶と新天地を切り開く二・二六の妻の生きざまを描いた感動的な最終章である。澤地さんは「陸軍大臣告示」でも匂坂検察官の捜査を検証して調書やメモと格闘する。それは従来の通説を覆す新発見につながった。「陸軍大臣告示」は午後三時二十分のみならずそれ以前にもう一つ、まだ軍事参議官会議が開かれる前に、すでに何者かの手によって勝手に作られ、午前十時五十分に戒厳司令部から近衛師団に伝達されていた。匂坂検察官と東京憲兵隊長は、香椎浩平戒厳司令官ら当時の陸軍皇道派につらなる将軍たちを叛乱幇助などの罪で逮捕、取り調べようとする。だが寺内寿一《ひさいち》陸軍大臣の指揮権発動で捜査は中止されていた。その過程を示す東京憲兵隊長の「叛軍一味徒党検挙計画案」や匂坂が陸相宛てに意見具申した「疑点と意見」なる文書が澤地さんの手で匂坂資料の中に初めて明らかになった。

「陸軍大臣告示」の疑問については事件直後の第六十九回帝国議会でも厳しく追及された。だが寺内陸相は存在さえも否定している。この時の議会は秘密会となっており、議事録が公開されたのはなんと情報公開の流れが進んだ一九九五年（平成七年）のことである。大きな政治権力を手にした陸軍は保身と組織防衛のために不都合な真実を覆い隠してしまった。これは特定秘密保護法が制定された八十年後の政治の現況とも無縁ではない。事件後、言論の自由を奪われたこの国は、一九四五年、敗戦によって破滅の淵に沈んだ。二・二六事件の教訓は現代にも生きている。

（なかた・せいいち／ノンフィクション作家）

『妻たちの二・二六事件』　一九七二年二月　中央公論社刊
一九七五年二月　中公文庫

中公文庫

妻《つま》たちの二《に》・二《に》六《ろく》事《じ》件《けん》
——新装版《しんそうばん》

1975年２月10日　初版発行
2017年12月25日　改版発行
2024年８月30日　改版３刷発行

著　者　澤《さわ》地《ち》久《ひさ》枝《え》

発行者　安部順一

発行所　中央公論新社
〒100-8152　東京都千代田区大手町1-7-1
電話　販売 03-5299-1730　編集 03-5299-1890
URL https://www.chuko.co.jp/

DTP　ハンズ・ミケ
印　刷　三晃印刷
製　本　小泉製本

Published by CHUOKORON-SHINSHA, INC.
Printed in Japan　ISBN978-4-12-206499-7 C1121

中公文庫既刊より

各書目の下段の数字はISBNコードです。978－4－12が省略してあります。

S-25-1
シリーズ日本の近代 逆説の軍隊
戸部良一
近代国家においてもっとも合理的・機能的な組織であるはずの軍隊が、日本ではなぜ〈反近代の権化〉となったのか。その変容過程を解明する。
205672-5

き-42-1
日本改造法案大綱
北一輝
軍部のクーデター、そして戒厳令下での国家改造シナリオを提示し、二・二六事件を起こした青年将校たちの理論的支柱となった危険な書。〈解説〉嘉戸一将
206044-9

い-123-1
獄中手記
磯部浅一
「陛下何という御失政でありますか」。貧富の格差に憤り国家改造を目指して蹶起した二・二六事件の主謀者が綴った叫び。未刊行史料収録。〈解説〉筒井清忠
206230-6

お-19-2
岡田啓介回顧録
岡田啓介
岡田貞寛編
日清・日露戦争に従軍し、条約派として軍縮を推進、二・二六事件で襲撃され、戦争末期に和平工作に従事した海軍高官が語る大日本帝国の興亡。〈解説〉戸高一成
206074-6

た-5-3
高橋是清自伝（上）
高橋是清
上塚司編
日本財政の守護神と称えられた明治人の足跡。海外を流浪した青年時代、帰国後大蔵省に出仕するも飽きたらず、銅山経営のため南米に渡るまでを綴る。
206565-9

た-5-4
高橋是清自伝（下）
高橋是清
上塚司編
失意の銅山経営から帰国後、実業界に転身。やがて日本銀行に入る。そして日露戦争が勃発、祖国の命運を担い、外債募集の旅に赴く。〈解説〉井上寿一
206566-6

た-5-5
随想録
高橋是清
上塚司編
日本財政の神様がその晩年に語った、財政政策や、政党党首として接した大正デモクラシーの群像、文化や教育、女性観に至るまでの思索の軌跡。〈解説〉井上寿一
206577-2

い-65-2
軍国日本の興亡 日清戦争から日中戦争へ
猪木正道
日清・日露戦争に勝利した日本は軍国主義化し、国際的に孤立した。軍部の独走を許し国家の自爆に至った経緯を詳説する。著者の回想「軍国日本に生きる」を併録。
207013-4

い-61-2
最終戦争論
石原莞爾
戦争術発達の極点に絶対平和が到来する。戦史研究と日蓮信仰を背景にした石原莞爾の特異な予見は、日本を満州事変へと駆り立てた。〈解説〉松本健一
203898-1

い-61-3
戦争史大観
石原莞爾
使命感過多なナショナリストの魂と冷徹なリアリストの眼をもつ石原莞爾。真骨頂を示す軍事学論・戦争史観・思索史的自叙伝を収録。〈解説〉佐高　信
204013-7

お-2-13
レイテ戦記（一）
大岡昇平
太平洋戦争の天王山・レイテ島での死闘を再現した戦記文学の金字塔。巻末に講演「『レイテ戦記』の意図」を付す。毎日芸術賞受賞。〈解説〉大江健三郎
206576-5

お-2-14
レイテ戦記（二）
大岡昇平
リモン峠で戦った第一師団の歩兵は、日本の歴史自身と戦っていたのである——インタビュー「『レイテ戦記』を語る」を収録。〈解説〉加賀乙彦
206580-2

お-2-15
レイテ戦記（三）
大岡昇平
マッカーサー大将がレイテ戦終結を宣言後も、徹底抗戦を続ける日本軍。大西巨人との対談「戦争・文学・人間」を巻末に新収録。〈解説〉菅野昭正
206595-6

お-2-16
レイテ戦記（四）
大岡昇平
太平洋戦争最悪の戦場を鎮魂の祈りを込め描く著者渾身の巨篇。巻末に「連載後記」、エッセイ「『レイテ戦記』を直す」を新たに付す。〈解説〉加藤陽子
206610-6

お-47-3
復興亜細亜の諸問題・新亜細亜小論
大川周明
チベット、中央アジア、中東。今なお紛争の火種となっている地域を「東亜の論客」が第一次世界大戦後の〈復興〉という視点から分析、提言する。〈解説〉大塚健洋
206250-4

各書目の下段の数字はISBNコードです。978－4－12が省略してあります。

さ-87-1
百年の女 『婦人公論』が見た大正、昭和、平成
酒井順子
「婦人と言えども人である」と言われた創刊時から一世紀。女の上半身と下半身を見つめ続けた一四〇〇冊余を繙いた異色の近現代史！〈解説〉中島京子
207377-7

し-10-5
新編 特攻体験と戦後
島尾敏雄
吉田満
戦艦大和からの生還、震洋特攻隊隊長という極限の実体験とそれぞれの思いを二人の作家が語り合う。関連するエッセイを加えた新編増補版。〈解説〉加藤典洋
205984-9

し-11-2
海辺の生と死
島尾ミホ
記憶の奥に刻まれた奄美の暮らしや風物、幼時の思い出、特攻隊長として島にやって来た夫島尾敏雄との出会いなどを、ひたむきな眼差しで心のままに綴る。
205816-3

の-3-13
戦争童話集
野坂昭如
戦後を放浪しつづける著者が、戦争の悲惨な極限に生まれえた非現実の愛とその終わりを「八月十五日」に集約して描く、万人のための、鎮魂の童話集。
204165-3

の-3-15
新編「終戦日記」を読む
野坂昭如
空襲、原爆、玉音放送……あの夏の日、日本人は何を思ったか。文人・政治家の日記を渉猟し、自らの体験を綴る。戦争随筆十三篇を増補。〈解説〉村上玄一
206910-7

ほ-1-1
陸軍省軍務局と日米開戦
保阪正康
選択は一つ――大陸撤兵か対米英戦争か。東条内閣成立から開戦に至る二カ月間を、陸軍の政治的中枢である軍務局首脳の動向を通して克明に追求する。
201625-5

ほ-1-18
昭和史の大河を往く5 最強師団の宿命
保阪正康
屯田兵を母体とし、日露戦争から太平洋戦争まで、常に危険な地域へ派兵されてきた旭川第七師団の歴史を俯瞰し、大本営参謀本部の戦略の欠如を明らかにする。
205994-8

ほ-1-19
昭和史の大河を往く6 華族たちの昭和史
保阪正康
明治初頭に誕生し、日本国憲法施行とともに廃止された特権階級は、どのような存在だったのか？ 華族たちの苦悩と軌跡を追い、昭和史の空白部分をさぐる。
206064-7